Have a Hug!

读懂孩子：
亲子沟通班会课24例

蔡迎春 等 / 著

教育科学出版社
·北京·

出 版 人　李　东
策划编辑　池春燕
责任编辑　闫　景
版式设计　杨玲玲
插　　图　高欣辰
责任校对　贾静芳
责任印制　叶小峰

图书在版编目（CIP）数据

读懂孩子：亲子沟通班会课24例 / 蔡迎春等著
. —北京：教育科学出版社，2020.12（2023.9重印）
ISBN 978-7-5191-2403-8

Ⅰ. ①读… Ⅱ. ①蔡… Ⅲ. ①中小学—班主任工作—文集　②家庭教育—文集　Ⅳ. ①G635.16-53　②G78-53

中国版本图书馆CIP数据核字（2020）第240757号

读懂孩子：亲子沟通班会课24例
DUDONG HAIZI：QINZI GOUTONG BANHUI KE 24 LI

出版发行	教育科学出版社		
社　　址	北京·朝阳区安慧北里安园甲9号	邮　　编	100101
总编室电话	010-64981290	编辑部电话	010-64989593
出版部电话	010-64989487	市场部电话	010-64989009
传　　真	010-64891796	网　　址	http://www.esph.com.cn
经　　销	各地新华书店		
制　　作	北京博祥图文设计中心		
印　　刷	保定市中画美凯印刷有限公司		
开　　本	720毫米×1020毫米　1/16	版　　次	2020年12月第1版
印　　张	15.25	印　　次	2023年9月第5次印刷
字　　数	207千	定　　价	39.80元

图书出现印装质量问题，本社负责调换。

推荐序一

为亲子搭建起沟通的"心"桥梁

刘正奎[①]

新冠肺炎疫情发生后,我所负责的安心行动热线接到大量有关亲子冲突问题的咨询。因疫情居家,亲子本可以有充分时间朝夕相处,增进关系,但也更多地凸显了亲子关系问题,甚至出现了极端行为。近年来,离家出走、厌学辍学,甚至自杀等各类事件常见于媒体的报道。很多人发出感叹:"现在的孩子怎么啦?""怎么这么脆弱,受挫能力这么差!"父母明明很爱孩子,但很多孩子感受不到。"有温暖的家"反而是孩子们的一种祈望。很多时候,父母和孩子之间,还需要一座沟通之桥。父母是孩子的一面镜子,良好的亲子沟通,自然落点在父母。但是,谁来搭这座亲子沟通之桥呢?如何有效地帮助沟通之桥保持畅通?蔡迎春老师所著的《读懂孩子:亲子沟通班会课24例》让我们有了答案。

读着迎春老师的书,感慨良多。十五年来的坚持与实践,凝结成一个个鲜活的课例。通过班会课创设亲子沟通的情境,老师成为亲子沟通的支持者、见证者、参与者和合作者等,让父母和孩子学会倾听、体会共情、懂得换位思考……

书中课例紧扣亲子沟通中的"读懂",抓住了了解、理解和尊重这三个关键词。在全书的框架设计、目标设计以及每个课例的背后,都可以看到心理学在亲子关系指导方面的自如运用。

了解篇包括读懂规律系列和学会陪伴系列。了解孩子需要读懂生命成长的

[①] 刘正奎,中国科学院心理研究所研究员,博士生导师,全国心理援助联盟副主席,中国心理学会心理危机干预工作委员会主任委员。

规律。作者根据埃里克森人格发展理论，抓住孩子心理社会发展阶段的主要矛盾，以幼小衔接、三年级、五年级、初小衔接为重要节点，在读懂规律系列设置了四个课例，帮助父母读懂成长，感受到成长的力量，以更平和的态度接纳孩子成长带来的变化！在此基础上，提出如何更好地陪伴孩子！在儿童时期，父母在孩子的学习和生活中，及时给予肯定；碰到问题时，和孩子一起去面对，协助孩子积极地去解决，都能够帮助孩子获得勤奋感和对自己力量与能力的信任感。而到了青春期，父母就要基于孩子的需要，用更平和、对等的方式来陪伴和支持孩子。通过学会陪伴系列四个课例，基于成长规律的解读，帮助父母更有效地支持孩子，使父母成为孩子生命中坚实的后盾！

理解篇包括读懂需求系列和学会沟通系列。理解孩子需要读懂生命成长的需求。在读懂需求系列，作者根据马斯洛的需求层次理论，设置了四个课例，帮助父母读懂孩子对爱的需求，理解孩子生命成长中重要他人的价值和意义！基于成长的需求，如何帮助父母和孩子更好地沟通呢？通过学会沟通系列四个课例，帮助父母学习"倾听、表达、好好说话、换位思考"，与孩子更好地沟通，更好地理解生命成长的需求。

尊重篇包括读懂差异系列和学会放手系列。尊重孩子要读懂并接纳孩子生命成长的差异。在读懂差异系列，作者根据加德纳的多元智能理论，设置四个课例，帮助父母读懂生命成长的差异，接纳每个孩子的不一样，并尊重不一样的选择和对未来的规划！尊重孩子，还要相信生命成长的力量，学会放手！父母要学习少指手画脚，多支持鼓励，允许孩子做力所能及的事，也允许其走弯路；和孩子讨论规则，允许孩子有自己的专属空间，还要放手让孩子用自己的方式独立地处理人际关系。通过学会放手系列四个课例，帮助父母学会放手，陪伴成长而不是替代成长！

这本书是班主任如何帮助亲子沟通的实用手册，通过生动的课例和可操作性强的内容设计，给予班主任专业的底气来更好地帮助家长，做好家庭教育指导，为学校与家庭搭起沟通的桥梁。当然，这本书也非常适合有兴趣的家长阅读。每个课例的活动设计都有目标解读，有原创素材的提供，有绘本、视频素材的介绍，而且在活动过程中，还记录了家长和孩子们参加亲子沟通班会课的现场反馈。在活动环节后面，还有设计意图、环节之间以对话形式呈现的过渡语和最后的结语。家长们可以通过与素材的对话,看到孩子生命的成长,并反思跟孩子们的关系。

亲子沟通班会课为父母与孩子搭起沟通的"心"桥梁,为让父母"懂孩子"而来,确是教育一大事!

推荐序二

基于儿童立场的亲子沟通班会课

齐学红[①]

在当下基础教育课程改革的背景下,班会课作为对学生实施全面素质教育以及"三全育人"的重要渠道和载体,承担着学科教学之外的重要作用。目前在中小学课程设计中,班会课以每周一节的形式出现在中小学课程表中。作为一种成人意志的具体体现,班会课以其内容设计的思想性、对学生行为的规约性和强制性,似乎逐渐走到学生的对立面,形成了成人立场与儿童立场的对立局面。尽管一些优秀班主任在班会课的内容和形式方面进行了许多探索与创新,但很难改变班会课的课程属性。近年来,亲子沟通、家校沟通问题不断凸显,虽然一线班主任对此有所认识,但囿于班会课内容的局限性,很少将其纳入班会课的内容设计中。蔡迎春老师及其团队完成的这本《读懂孩子:亲子沟通班会课24例》,无疑是对当下班会课内容、形式以及课程设计理念的突破与创新。

《读懂孩子:亲子沟通班会课24例》,将"读懂孩子"作为亲子沟通班会课设计的出发点,按照小学低段、中段、高段和初中段,将"读懂"分为"了解、理解、尊重"三个板块,将班会课主题依次划分为六个系列:读懂规律、学会陪伴,读懂需求、学会沟通,读懂差异、学会放手。班会课的目标包括知识、能力与态度三个层面,活动过程包括起、承、转、合四个板块,即活动导入、问题呈现、问题解决以及梳理总结,层层递进,逐步落实。体现了研究内容的科学性、针对性,以及研究设计中的儿童立场。

---

① 齐学红,南京师范大学教育科学学院教授、博士生导师,南京师范大学班主任研究中心主任,江苏省教育学会班主任专业委员会理事长。

在形式上，区别于传统班会课班主任"一言堂"的说教式固定模式，亲子沟通班会课由班主任执教，亲子共同参与，培养目标不仅指向孩子，同时也指向父母，旨在促进亲子间的双向互动与交流，帮助父母读懂孩子，搭建亲子沟通的桥梁。行文上大多采用口语式表达，具有很强的可读性；在呈现方式上，每个板块都有设计意图，板块之间有过渡语和总结，每个课例都提供了丰富多彩的活动素材及使用说明，为提升班主任家校沟通的意识和能力提供了成功的案例，不仅服务于学校教育的培养目标，也为家长科学合理地育儿、实现良好的家校互动提供了重要的专业支持。

亲子沟通班会课设计中的儿童立场具体体现在对孩子身心发展规律的遵循。例如，读懂规律系列有四节班会课，选取了孩子生命成长中四个重要的节点：幼小衔接、三年级、五年级、初小衔接。在这些重要节点上，孩子的生活会面临很大的变化和挑战。除了关注外在的变化之外，还注意引导和帮助父母关注孩子的身心变化。正如书中所说，成长是一个过程，需要时间。读懂规律系列班会课，旨在帮助父母读懂成长，感受孩子生命成长的力量，同时，以更平和、自信的态度接纳孩子成长带来的一系列身心变化！

另外，该书从孩子、家长遇到的实际问题出发，创设一系列形式多样、生动活泼的亲子间、家校间对话交流的情境，缩短了成人与儿童之间的心理距离；通过一些成功的教育案例和做法，给学生和家长答疑解惑，具有很强的可操作性和示范性。课例大多采用游戏或情境导入等喜闻乐见的方式，通过精心设计的游戏或情境，拉近亲子间的距离，创设亲子沟通的情境。例如，第一个班会课课例"我是小学生啦"，针对幼小衔接中孩子和家长面对的困难与问题，通过PPT播放"新生相册"，将小学生入学前后的成长变化以PPT的方式呈现出来，在孩子和家长感到欣喜的同时，引导大家发现当下孩子面临哪些困难和问题；通过阅读绘本片段"发不出声音的小蟋蟀"，引导大家发现"小学与幼儿园到底有什么不同"，出现困难和问题并不可怕，重要的是主动寻求解决的办法；以小组合作学习的方式，通过家长和孩子共同制作行动卡，指导大家将困难和问题一一解决；通过续读绘本片段"坚持努力的小蟋蟀"，使亲子进一步感受到，只要一直努力不放弃，问题总能解决，让家长相信孩子，允许孩子以自己的方式和速度成长，就是对孩子最大的尊重。这样的教育理念比具体的方法指导更重要！

除了案例资料的丰富性、实操性之外，该书还体现了研究方法的科学性，教育理念中的同理心，以及教育内容之间的连续性。例如，在学会陪伴系列中，围绕考试问题引发的亲子关系中的矛盾冲突，三年级的班会课采取了课前调查的方式，提前对学生进行书面调查，问题是："如果你考差了，爸爸妈妈的哪些说法和做法会让你感到不舒服。"调查完成后，将家长的语言和行为进行归类整理。七年级则采用小组讨论的方式进行：家长组的话题是"考试过后，最不喜欢孩子的哪些话以及感受"；孩子组的话题是"考试过后，最不喜欢家长的哪些话以及感受"。小组讨论并完成海报后，各自贴到教室两边的移动黑板上展示；每个小组派代表进行全班分享。之后教师提问孩子："每次考试后，你希望家长有什么样的反应？"提问家长："每次考试后，你希望孩子有什么样的反应？"通过"考试后最不喜欢的话及感受"，以及"期待对方的反应"的表达，帮助家长接纳孩子并以对等的方式与孩子进行交流，认识到家长对孩子有效的支持不是指手画脚，而是和孩子一起分析讨论；帮助孩子感受父母的支持和爱，学习更好地表达自己的想法，在需要的时候征询父母的建议。在这样的班会课上，家长的心声、孩子的声音得到了充分表达，有助于家长发现自己在亲子沟通中存在的误区，不是一味强调"我这样做都是为了你好"，而是应该了解孩子真实的想法，并给予孩子成长所需要的理解、尊重、信任与陪伴。类似的调查研究方法在书中还有很多，体现了班会课设计中的科学性、研究性，以及对孩子、家长的充分理解与尊重，实现了班会课目标、内容、形式的高度统一。书中类似的精彩之处还有很多。

《读懂孩子：亲子沟通班会课24例》一书为一线班主任研究如何上好班会课、如何上好亲子沟通班会课提供了范例，值得广大一线班主任学习与借鉴。同时，我也将这本书特别推荐给广大的家长朋友们，在这里，你能发现自己和孩子相处过程中类似的矛盾与冲突，并找到极具科学性、指导性的方法与策略。这本书可以作为家长、教师以及广大教育工作者的案头必备之作！

目 录

写在前面

读懂规律系列

　　成长是一个过程，需要时间。读懂规律系列四节课，帮助父母读懂成长，感受到孩子成长的力量，以更平和的态度接纳孩子成长带来的变化！

005　小学低段：我是小学生啦
013　小学中段：三年级
021　小学高段：五年级
030　初　中　段：上初中了

学会陪伴系列

　　陪伴，就是需要你的时候，你一直都在！学会陪伴系列四节课，帮助父母基于成长规律的解读，更有效地支持孩子，成为孩子生命中最坚实的后盾！

041　小学低段：爱我，你就夸夸我
049　小学中段：爱我，你就帮帮我
059　小学高段：爱我，你就陪陪我
067　初　中　段：一路上有你

读懂需求系列

　　孩子的生命成长，需要父母，需要同伴。没有感受到父母的爱与支持，会让孩子对自己的生命价值产生怀疑。而到了青春期，同伴开始发挥更大的影响力，同伴交往的需求变得日益重要。当然，请记住，父母仍然是孩子生命中的重要存在。读懂需求系列四节课，帮助父母读懂孩子对爱的需求，理解孩子生命成长中重要他人的价值和意义！

079　小学低段：我的好妈妈
087　小学中段：老大老小都是爸妈的宝
095　小学高段：爸爸在这儿
102　初 中 段：爸妈，我想对你们说

学会沟通系列

　　"我想更懂你，但很多时候，用错言语，也用错了表情。"学会沟通系列四节课，帮助父母学习"倾听、表达、好好说话、换位思考"，与孩子更好地沟通，更好地理解生命成长的需求。

113　小学低段：心要让你听见
121　小学中段：爱要让你看见
130　小学高段：好好说话
138　初 中 段：如果我是你

尊重篇

读懂差异系列

孩子是独立的生命个体。不要总用"别人家的孩子"做"标杆"，或者总站在"成人视角"去评判。读懂差异系列四节课，帮助父母读懂生命成长的差异，接纳每个孩子的不一样，并尊重孩子不一样的选择和对未来的规划！

151　小学低段：别人家的孩子
160　小学中段：我很特别
170　小学高段：兴趣，我有我的选择
177　初 中 段：规划，我有我的未来

学会放手系列

尊重，是信任孩子，让他做力所能及的事情，让他承担应该承担的责任。父母需要放权给孩子！在成长的过程中，会碰到各种各样的问题，但孩子恰恰是在解决问题的过程中成长的。"我们有自己的见解和思维。我们正在学着挣脱你们的怀抱，自己起步，自己走路。我们心目中的你们，是在我们摔跤时，能拉我们一把，而不是责骂，也不是把我们抱回怀里。"这是来自孩子的心声。学会放手系列四节课，帮助父母学会放手，陪伴成长而不是替代成长！

189　小学低段：让我自己来吧
197　小学中段：唠叨，爱的束缚
206　小学高段：我的专属空间
214　初 中 段：请给我自由空间

223　后记　我们的努力与期待

写在前面

亲子沟通班会课由班主任执教，亲子共同参与，旨在帮助父母读懂孩子，为亲子搭建沟通的桥梁。读懂的关键词包括了解、理解、尊重。全书24个课例，分为3篇6个系列：了解篇包括读懂规律系列、学会陪伴系列；理解篇包括读懂需求系列、学会沟通系列；尊重篇包括读懂差异系列、学会放手系列。每个系列课程包括4节课，小学低段、小学中段、小学高段和初中段4个学段各1节。关于本书，有几点需要特别说明。

1.双向三维，实现亲子沟通

沟通是双向的。亲子沟通班会课的目标不仅指向孩子，也指向父母。班主任要帮助孩子理解父母，也要帮助父母读懂孩子。但是，班主任在上课时，更容易站在成人的立场去要求学生。所以，在上课时，班主任需要提醒自己，站稳立场，找好平衡点。小学低段，孩子的能力弱，指向父母的目标就更强一些。到了初中段，基本实现平衡。其实，孩子正是在被理解和尊重的过程中学习理解他人、尊重他人的。在亲子沟通班会课的现场，我们常常感受到，父母一点点的改变，就能带来孩子更大的回应和改变。

此外，为了帮助班主任更好地把握目标，每个课例都从知识、能力、态度三个层面阐释目标，但老师们请注意，这是一个目标的三个层面。

2.起、承、转、合，层层落实目标

活动过程分为四大板块（起、承、转、合）：活动导入、问题呈现、问题解决以及梳理总结。设计看似简单，背后的目标才是灵魂。要上好亲子沟通班会课，一定要理解每个板块的设计意图。目标的实现是通过活动过程层层落实的。因此，每个板块的后面均写明了设计意图。而且，为了板块之间的衔接和目标的层层落实，还有过渡语和最后的结语供班主任参考。在行文上，过渡语和结语为有对象感的教师口语叙述。因为在场的有家长，也有学生，所以有些话是对家长说的，有些话是对孩子说的，还有些话是对全体说的，请在使用时注意区分。

为了帮助班主任更好地理解目标，我们还在活动过程中记录了家长和孩子在课堂上的现场反馈以及教师的追问等。请在使用本书前，一定用心阅读，仔细领会。

3.素材提供，高效实现课堂

为了帮助班主任更好地开展班会课，书中的每个课例都提供了素材，有背景音乐、小品剧本、海报设计、绘本、视频等。小品剧本、海报设计等原创类素材可以通过扫描书上相应位置的二维码获取，音乐、视频和绘本等素材需要班主任根据书中提供的信息去收集。有些需要班主任自行制作的素材在活动准备中也详细说明了制作方法，比如"新生相册"、自创绘本等。

班主任
使用说明

4.弹性多样，贴合课堂需求

因为是父母和孩子一起上课，时间比平时的课堂要弹性一点。一般小学低段40分钟左右，到了初中段，大约需要60分钟。考虑到父母和孩子一起参加，人数多，目标达成较为困难，建议一个班级分两次来上。班主任可以提前发放邀请函，让家长根据自己的时间，选择其中一次来参加。关于座位的摆放，低段多采用亲子合组的形式，随着年级升高，则更多采用亲子分组的形式。在上课过程中，基于课堂需求，往往会进行座位调整，变成亲子合组的形式，在活动过程中会特别标注。

5.系列编排，读懂生命成长

全书按照6个系列进行编排。如果按4个学段来编排，班主任使用起来可能更为方便。但最终，我们仍然选择了按系列编排。因为生命是一条长线，我们不能仅仅关注生命历程中的某一个点，我们要了解生命从何而来，去往何处，才能更好地读懂孩子的生命，陪伴孩子成长。在每个系列的开篇，会对系列课程进行解读，以帮助班主任整体把握课程，上好所在学段的课。

蔡迎春
写于2020年3月

●了解篇

读懂规律系列

读懂规律
系列解读

要帮助父母了解孩子，首先需要帮助他们读懂生命成长的规律。心理学家埃里克森认为，人要经历八个阶段的心理社会发展。八个阶段的顺序是由遗传决定的，但每个阶段能否顺利度过，却主要由社会环境决定。在每一个阶段都存在着一种"危机"，前一个"危机"的积极解决，会增加下一个"危机"顺利解决的可能性。读懂规律系列四节课，选取了孩子生命成长中四个重要的节点：幼小衔接、三年级、五年级、初小衔接。在这些节点，孩子的生活会面临很大的变化和挑战，这些是外在的，我们还需要帮助父母关注孩子的身心发展变化。

《我是小学生啦》：从幼儿园到小学，全新的校园环境，陌生的老师同学，不一样的学习方式，对于孩子们来说，这些充满了新鲜感，但也是挑战。如何帮助孩子更好地应对挑战，适应小学生活？我们通过"相簿时光"，呈现入学两个月新生的学习生活，感受孩子成长的变化；通过绘本片段"发不出声音的小蟋蟀"导入，聊聊孩子进入小学后遇到的困难并究其原因，了解到幼儿园以游戏为主，而进入小学后，学习开始成为主要任务，孩子碰到各种困难和挑战是很正常的；通过视频片段《我不放弃》汲取力量，亲子合力，直面困难，感悟方法总比困难多，并基于孩子实际情况，制订行动计划；最后，续读绘本片段"坚持努力的小蟋蟀"，相信成长的力量，给予孩子时间与支持，允许他们以自己的速度与方式适应小学生活。

《三年级》：三年级，孩子的学习成绩开始出现分化。如何帮助亲子理性看待学习成绩？遇到问题不能简单归结于孩子不努力，我们通过游戏"数数的挑战"，感受到随着难度的增加，哪怕很努力也仍有可能出错；通过学习报告单的变化解密妈妈的烦恼，换位体验、解读孩子的困扰，了解到三年级科目增加、难度提高，面对挑战，家长更需要心平气和地和孩子一起分析而非指责；通过亲子一起寻找优势、分析不足的"红苹果青苹果"活动，学习从关注简单的学习结果转向关注学习过程、态度和学习中存在的问题；通过"果实累累的小树"，感悟到从"青苹果"到"红苹果"是一个逐渐成熟的过程，需要亲子双方共同努力。

《五年级》：五年级，学习难度进一步提高，但更大挑战是，孩子陆续进入青春期，自我意识逐渐增强，而父母还没准备好应对这一变化。如何更好地读懂亲子冲突背后孩子成长的诉求，增进相互了解？我们通过"时光故事会"呈现孩子从一年级到五年级的变化，感受孩子的成长；通过绘本片段"明白了没有"呈现家长对孩子的各种不放心；通过自创绘本《我想自己来》进一步聚焦亲子冲突，感受到孩子独立的诉求——希望被当作大人看待；通过小组讨论，亲子换位思考以及寻找共性，感受孩子的变化及面临的挑战；通过亲子约定，回归家庭生活，思考并承诺面对变化亲子双方各自可以做的努力。

《上初中了》：如果说，五年级的生活是量的变化，那么，初中生活就有了质的飞跃。进入初中，孩子面临更多的挑战，有学习和生活方面的，也有青春期成长带来的困扰。如何帮助亲子更好地接纳变化，适应初中生活？我们通过游戏"看看谁会赢"中一抓一逃的情形，引导亲子感受成长带来的亲子关系的转变；通过呈现亲子双方的内心独白、梳理上初中后孩子最具挑战性的变化以及重温"入园第一天"，学习理解对方的感受，更积极地接纳变化；通过亲子共商对策应对变化和分享视频片段《我们一直在努力》，感受并相信成长的力量，积极地面对初中生活带来的挑战；最后通过播放"成长相册"和亲子互赠心形寄语卡，让亲子双方再次感受成长的力量，帮助他们回归自身实际，接纳成长。

埃里克森认为，危机即成长的良机。每个人在成长的过程中都会碰到阻力，尤其是在幼小衔接、三年级、五年级、初小衔接这四个重要节点。父母要做的，不是帮助孩子去解决问题，而是允许他们自己去经历。但是，在经历的过程中，需要给予孩子支持，和他们一起去面对，协助他们把成长的阻力化为助力。

成长是一个过程，需要时间。读懂规律系列四节课，帮助父母读懂成长，感受到孩子成长的力量，以更平和的态度接纳孩子成长带来的变化！

小学低段 我是小学生啦

设计者：沈周利
指导者：郎 萍 何咏梅

学情分析

从幼儿园跨入小学的大门，全新的校园环境，陌生的老师和同学，多样的学习方式……，这些对于一年级的孩子来说，充满了新鲜感，但也是挑战。开学两个月后，大部分孩子基本适应了小学的生活，但仍面临一些困难。少数孩子觉得小学与幼儿园的差别太大了，很不适应小学的生活。有些家长觉得孩子入学后进步不明显，有些家长因担心孩子跟不上学习的节奏，很是焦虑。帮助孩子积极、勇敢地面对各种困难，迎接挑战，适应小学生活，对孩子的成长有着重要的价值，也是很多家长需要钻研的课题。

本课聚焦孩子进入小学后遇到的困难，通过阅读绘本、小组交流、分享感受的方式，让家长和孩子了解到幼儿园阶段以游戏为主，而进入小学后学习开始成为主要任务，面临各种困难和挑战是很正常的，并一起分析问题，帮助孩子直面困难，制订适合自己的行动计划。

活动对象

一年级学生及家长。

活动目标

目标	家长层面	学生层面
知识层面	了解幼儿园阶段以游戏为主，进入小学后学习开始成为主要任务，孩子会面临各种困难和挑战。	了解幼儿园阶段以游戏为主，进入小学后学习开始成为主要任务，会遇到各种困难和挑战。
能力层面	能够和孩子一起面对困难，并帮助孩子根据自身实际情况，制订行动计划。	能够和父母一起面对困难，制订适合自身实际情况的行动计划。
态度层面	看到孩子的成长，允许孩子以自己的速度和方式适应小学生活。	积极、勇敢地面对各种困难，适应小学生活。

活动时间

一年级第一学期开学后两个月。

活动准备

（1）座位安排：全班共6组，每组3—4个家庭。

（2）视听媒体：纯音乐《春野》(One Day in Spring)，从纪录片《幼儿园》中剪辑视频片段《我不放弃》。

（3）照片收集：教师收集孩子刚入学和入学一周、两周、一个月、两个月这几个时间点在校学习、劳动、运动、交往、玩耍等多方面的照片，配以文字，以时间为线索，用PPT制作成"新生相册"。

（4）材料准备：大海报1张，每组A3纸1张、记号笔1支，每个孩子1张行动卡。

（5）绘本处理：将绘本《好安静的蟋蟀》①截成两个片段，分别为"发不出声音的小蟋蟀"和"坚持努力的小蟋蟀"。

活动过程

一、相簿时光：感受变化

（一）播放"新生相册"

用PPT呈现孩子入学两个月来在校学习、劳动、运动、交往、玩耍等方面的照片。（背景音乐：《春野》）

进入小学的第一天，课堂上孩子们各种各样的坐姿，餐后狼藉的地面，排队时孩子们懵懂的眼神……这些照片的呈现，一下子吸引了所有人的注意力，教室里鸦雀无声。开学一周后，在语文课上绝大多数孩子能够把手放正，脚放平；午间，孩子们开始自己盛饭，地面卫生情况也有所改善；集体出操，孩子们能找到自己的位置了。随着时间的推移，第二周、一个月、两个月后，孩子

---

① 卡尔. 好安静的蟋蟀 [M]. 林良，译. 济南：明天出版社，2013.

们在校各方面的表现都有了很大的变化。最后一张 PPT，相继呈现了孩子们进入小学两个月后的几个画面：孩子们端正地坐在教室中，认真地朗读课文，专注地写字，整齐地排队出操，努力地清洁教室，愉快地和同学玩耍。看着照片中的孩子，感受着他们的成长变化，家长们的脸上慢慢地露出了笑容。

（二）分享感受

提问孩子：孩子们，看了这些照片，你们有什么感受？

提问家长：看了这些照片，你们有什么感受？

孩子们都觉得自己很棒很能干，为自己感到骄傲。家长们也纷纷表示，自己的孩子慢慢地长大了。有家长说："孩子的自理能力有了很大的进步，看到孩子的成长，自己比较欣慰。""看了照片才知道，孩子们在课堂上坐得那么端正，那么认真，其实，他们都是非常努力的。"有位家长感触颇深，她记得自己的孩子在上小学前，什么都不懂，没上过幼小衔接班，字不会写，拼音也不会读，作为家长，真的非常焦虑，但经过这些日子的学习，现在孩子能够跟上班级进度了，看到孩子上课那么认真，自己非常高兴。

过渡：爸爸妈妈，不知不觉，我们的孩子有了那么多的成长变化。他们正在非常努力地适应小学的学习和生活。孩子们的进步让我们很欣喜，可是，有一个孩子却高兴不起来。他是谁呢？在他身上发生了什么？让我们一起来看看！

> 设计意图：现场播放"新生相册"，创设愉悦的氛围，让家长感受到进入小学后孩子的成长变化，感受到他们自身的努力。

二、绘本分享：说说困难

（一）阅读绘本片段"发不出声音的小蟋蟀"

绘本内容：在一个暖和的日子里，一个小小的虫卵孵出了一只小蟋蟀。路过的大蟋蟀、蝗虫、螳螂都和小蟋蟀打招呼，欢迎他的到来。小蟋蟀想回答，就一遍遍摩擦翅膀,但是一点儿声音也没有。①

提问孩子:孩子们,你觉得小蟋蟀此时的心情是怎样的?

孩子们都觉得此时小蟋蟀很难过,很不开心。因为无论他怎么做都发不出声音,他遇到了很大的困难,却又解决不了。

(二)聊聊我们遇到的困难

1. 说说困难

操作方式:全班讨论,先提问孩子,再提问家长,教师把大家的回答记录在海报纸上。给孩子的问题是"小蟋蟀遇到了困难,那么进入小学后,你遇到过哪些困难",给家长的问题是"孩子进入小学后,遇到过哪些困难"。

《我是小学生啦》素材

2. 探究原因

操作方式:小组讨论,话题是"孩子进入小学后,为什么会遇到困难"。讨论时让孩子先说,家长后说。讨论时间为2—3分钟。结束后,小组派代表汇报,全班分享。

孩子们提到了很多困难,比如很多字不认识,很多题目不会读;拼音拼不出来;考试的时候,有些题目比较难。很多家长也认为,孩子在上了小学后,的确遇到了很大的挑战:在拼音认读、理解题意上遇到了很多问题,每天要做作业,做作业的速度又慢,个别孩子要做到晚上10点多,连睡觉的时间都被挤占了。

探究原因时,很多家长认为进入小学后之所以会遇到那么多困难,是因为幼儿园与小学有太多的不同。教师追问:"小学与幼儿园到底有什么不同?"孩子们说幼儿园有玩具、点心、小床,而小学没有;小学上学不能迟到,上课要坐端正,要认真听,要学很多不同的课,幼儿园不需要。家长们认为小学以学习为主,幼儿园以游戏为主;小学有考试、有竞争,幼儿园没有;小学有严格的规章制度,幼儿园没有那么多要求;小学有作业,幼儿园没有。

通过原因的探究,家长们感悟到小学与幼儿园有这么多的不同,对孩子来说真是很大的挑战。因此,入学后,孩子们遇到各种各样的困难是很正常的。其中有位爸爸非常有感触,还和大家分享了自己小时候的经历,他在读一年级

---

① 卡尔. 好安静的蟋蟀[M]. 林良,译. 济南:明天出版社,2013.

时，成绩很差，语文拼音不好，数学口算也不行，那时真的很难受。孩子们突然发现，原来，家长小时候也和自己一样，会遇到困难。

过渡：孩子们，进入小学后，我们也和小蟋蟀一样，遇到了困难。小学和幼儿园是很不一样的，遇到困难是很正常的。那么，碰到困难，该怎么办呢？让我们把时光退回到3年前，回到我们刚入幼儿园时。那时的我们面对困难，又是怎么做的呢？让我们一起来看一看。

> **设计意图**：通过呈现绘本片段"发不出声音的小蟋蟀"，引出困难话题。通过说说困难、探究原因，让亲子了解小学与幼儿园有很大的不同，幼儿园以游戏为主，进入小学后学习开始成为主要任务，因此，孩子碰到各种困难和挑战，是很正常的。

三、亲子合力：解决困难

（一）画面再现，感受力量

1. 呈现视频《我不放弃》

视频来自湖北电视台拍摄的有关武汉一所寄宿制幼儿园孩子生活点滴的纪录片《幼儿园》。本片段的主人公是刚进入幼儿园的小班小朋友，他们不会穿衣、穿鞋、系鞋带，一开始发脾气、哭闹、发呆，但是他们没有放弃，一遍遍地尝试，最后成功穿衣、穿鞋、系鞋带的场景。

2. 分享感受

提问：看了视频，你有什么感受？

在观看视频时，很多孩子都笑出了声，有的说，哭不能解决问题，可以找老师帮忙；有的说，自己在幼儿园时，开始不会吃饭，就找老师喂，后来慢慢地尝试自己吃，最后学会了自己吃饭。有家长说，自己的孩子最开始去幼儿园时一直哭哭啼啼的，后来慢慢地喜欢上了幼儿园；有家长说，只要努力尝试、不放弃，困难总是能被解决的。其实，刚上幼儿园，对很多孩子来说，自己穿衣、穿鞋、系鞋带好像是不可能完成的任务。但是，只要努力坚持，这些问题最后都能迎刃而解。在幼儿园时,我们都能够积极努力克服困难,到了小学,我们就更有力量啦!《幼儿园》视频的呈现、孩子与家长感受的分享,增强了亲子直面困难的勇气。

(二)小组讨论,直面困难

操作方式:请各组自行选择一个典型性的困难,并寻求解决问题的方法。其中,讨论的困难话题从说困难环节记录形成的海报中进行选择。采用小组讨论的形式,组长负责主持,并把讨论结果记录在A3纸上,时间3—5分钟。

每一个大组从困难海报中选择一个问题并讨论解决方法。因为这些困难是孩子和家长共同提出的,所以大家的积极性都很高。其中,第一大组和第四大组都选择了孩子作业多、用时长的问题。第一大组的学生代表说以后会尽量做得快一些,做好作业再去做别的事情;家长代表说以后会帮助孩子培养时间观念,要求孩子尽量在规定时间内完成作业,遇到不会的题目先跳过,把会的题目做完了,最后再去做不会的。第四大组的学生代表补充说用时长很重要的原因是孩子不认识字,不会做,以后会在爸爸妈妈的帮助下多认字。

第二大组、第三大组和第五大组选择的问题都是"拼读遇到困难怎么办"。第二、三大组认为一定要多读,要每天抽出时间读一读。第五大组的学生代表说以后会在爸爸妈妈的帮助下每天练习,熟能生巧,遇到不会的地方可以上网搜索,可以用点读机,可以问老师,方法总比问题多。

第六大组选择的问题是"不会读题怎么办"。第六大组认为遇到不会读的题目,可以先结合前后的文字猜一猜题目的意思。在完成该项作业后,再在家长的帮助下练习读题。对不认识的字,标出拼音,学会认读。最后,家长代表还感叹在讨论的时候,孩子们自己想到了很多的方法,只要父母做好孩子坚强的后盾,给予孩子积极的帮助和耐心陪伴,孩子最后肯定能克服困难。

大家群策群力,想到了许多解决方案。这个过程,为接下来定制行动卡提供了解决困难的思路与方法,但更重要的是,让亲子感悟到方法总比困难多。

(三)独家定制,落实行动

操作方式:亲子一起制作行动卡。亲子讨论,家长书写,时间2分钟。

爸爸妈妈和孩子商量着写行动卡。一些家长写完后，再读给孩子听，他们有的点头认同，有的补充方法。其中，两个孩子分享了自己制作的行动卡。一个孩子最想解决的困难是马虎，他表示以后每次做完作业或者考试之后，都会仔细地用手指点着检查。另外一个孩子说他的困难是不会读题，他表示以后会和妈妈一起看课外书，每天多认5个字。

过渡：在刚才的活动中，孩子们和爸爸妈妈一起想到了那么多的方法。是的，只要努力，只要肯动脑筋，只要不断地尝试，只要坚持、不放弃，困难总是能被解决的。当然，爸爸妈妈，孩子需要你们的协助，但是，也请相信孩子，给予他们时间。那只发不出声音的小蟋蟀，他也一直在努力。在他身上，又发生了什么呢？让我们再来看一看！

> 设计意图：《幼儿园》视频的呈现，增强了亲子直面困难的勇气。小组讨论，群策群力，探讨解决方案，让大家感悟到方法总比困难多。定制行动卡的设计，则让亲子回到孩子自身实际，商讨解决遇到的困难。

四、续读绘本：感悟成长

（一）阅读绘本片段"坚持努力的小蟋蟀"

绘本内容：一条毛毛虫从苹果里钻出来，一边嚼着东西一边打招呼。小蟋蟀想回答，就摩擦摩擦翅膀，但是一点儿声音也没有。泡沫蝉、黄蜂、蜻蜓、蚊子陆续地从小蟋蟀身边经过，他们都和小蟋蟀友好地打了招呼。小蟋蟀很想回答，就一遍遍地摩擦翅膀，但仍然不能发出声音。有一天，这只蟋蟀看见另一只蟋蟀。那只小蟋蟀，也发不出声音。这只小蟋蟀，再摩擦摩擦翅膀，这一次……他终于发出了最最美妙的声音。①

小蟋蟀最后怎么样？他的困难解决了吗？在孩子的心里会留下这样的疑问。随着幻灯片一张一张地往下翻，小蟋蟀还是没有发出声音来。大家的心跟着起

---

① 卡尔.好安静的蟋蟀[M].林良，译.济南：明天出版社，2013.

起落落，小蟋蟀如此努力，一定会发出声音来的。终于，在大家的热切期盼下，小蟋蟀发出了最最美妙的声音。爸爸妈妈和孩子们的眼睛也亮了，教室里顿时响起了热烈的掌声。

（二）梳理收获

提问：绘本读完了，有什么感受要分享吗？

孩子们都说只要坚持，只要努力，一定能发出最美妙的声音，一定能解决困难。家长们感悟到每一个小动物都是不同的。小动物是这样，人也是如此。只要给他时间，只要耐心等待，只要好好守护，只要坚持努力，每一只安静的小蟋蟀最后都能发出动听的声音，每一个孩子都可以做更好的自己。

结语：别的小动物都能打招呼，都能发出声音，而小蟋蟀试了很多很多次，却怎么也发不出声音。可是，他从来没有放弃，一直在坚持摩擦翅膀，最后，他发出了最最美妙的声音。在成长的道路上，会经历各种各样的挫折和困难，孩子们，只要坚持努力不放弃，困难总能被解决。要相信，方法总比困难多。爸爸妈妈，也请相信孩子，在你们的支持下，每一个孩子都可以成为更好的自己。

> 设计意图：通过阅读绘本片段"坚持努力的小蟋蟀"，让亲子进一步感受到，只要一直努力不放弃，困难总能解决；让家长相信孩子，给孩子时间与支持，允许孩子以自己的速度与方式去成长。

小学中段 三年级

设计者：高丽敏
指导者：蔡迎春　毕蓓蓓

学情分析

一、二年级，孩子们在父母的陪伴监督下，学习成绩普遍比较好。升入三年级，由于学习科目增加，学习难度提高，孩子们将面临比较大的挑战。有的孩子觉得自己学得很认真，可是学习成绩还是上不去。有的家长将孩子学习成绩差的原因更多归结为孩子不努力，可事实并非如此。

本课聚焦三年级孩子的学习状态，讨论如何积极看待学习成绩，帮助家长从单纯关注学习结果转向关注学习过程、学习态度和学习中存在的问题，理性看待孩子的分数。同时，也帮助孩子认识到进入三年级后学业压力逐渐增大是很正常的，在遇到困难时可以寻求老师和父母的帮助。

活动对象

三年级学生及家长。

活动目标

目标	家长层面	学生层面
知识层面	了解三年级学习科目增加，难度增加，对孩子来说是一个挑战。	了解升入三年级后会面临许多挑战，包括学习科目和难度增加。
能力层面	学会和孩子一起分析学习状态，帮助他们适应三年级的学习。	在父母的帮助下，学会分析自己的学习状态，适应三年级的学习。
态度层面	理性看待孩子的学习状态，遇到问题不简单归结于孩子不努力。	感受到三年级生活带来的积极体验。

活动时间

三年级第一学期。

活动准备

（1）座位安排：孩子和家长各3组，每组6—8人，孩子组与家长组一一对应。

（2）视听媒体：歌曲《蜗牛》（童声版）。

（3）课前调查：对孩子提前进行书面调查，问题是"如果你考差了，爸爸妈妈的哪些说法和做法会让你感到不舒服"。调查完成后，将家长的语言和行为进行归类整理。

（4）材料准备：准备二年级和三年级的学习报告单模板各6份（来自上课班级）；制作红苹果卡和绿苹果卡，每个孩子各2张。

活动过程

一、热身游戏：数数的挑战

（一）亲子游戏

操作方式：大家站着围成圈，进行有关"3"的三次不同的数数游戏。第一次：反复数"1—3"，数到"3"的人请把右手举高；第二次：连续数"1—50"，数到个位有"3"的数的人请把右手举高；第三次：连续数"1—50"，凡数到个位是"3"或"3的倍数"的人请把右手举高。

现场氛围活跃，家长们和孩子们很快手拉手围成了一个圈。前两轮大约有三分之一的参与者出错。第三轮就不太顺了，出错率明显提高。出错的有孩子，也有好多家长。出错后，孩子有些气馁，好些家长也挺不好意思的。大家都用各种神态动作表达着"哎呀，好可惜"。

（二）分享感受

提问：在玩游戏的过程中大家有什么感受要分享吗？

为什么第三次的错误率明显上升了？

分享感受时，家长表示和孩子一起玩游戏，真的很开心，仿佛回到了学生时代。但是看起来很简单的游戏，也有可能出错。究其原因，有的家长认为是比较紧张，一下子没反应过来；有的家长说心里越想表现好一点，就越容易出错；还有的家长认为自己出错是因为年龄大了，反应没有孩子快了。第三轮游戏要求和难度增加，导致错误率上升。当问及原因时，有个孩子说"3的倍数"是最近才学的知识，对他们来说有些难度。原来如此，怪不得第三次孩子出错的人更多。其他孩子纷纷点头赞同，而家长们则有些恍然大悟的感觉。

过渡：在刚刚的游戏中，每个人都不想出错，每个人都很努力，想要继续留在圈子里！但大家都明白：要求多了，难度大了，就不那么容易做好了。那么，孩子的学习，是不是也会碰到游戏中同样的状况呢？接下来，让我们一起来听听红红妈妈的烦恼。

> 设计意图：通过数数游戏，让亲子双方初步感受到随着难度不断增加，出错概率也随之增加，因此哪怕我们很努力，也仍有可能出错，从而为下一环节讨论三年级如何面临学业的困难和挑战做好铺垫。

二、话题聚焦：三年级的困惑

（一）解密妈妈的烦恼

1. 听听红红妈妈的心声

心声：我的孩子上三年级了，为什么95分就那么难考到？很多时候甚至连90分都没有？可孩子一二年级的时候，成绩是很好的呀，即使没有100分，大多也在98分左右。是孩子不够努力吗？

提问家长：上三年级了，大家是否有像红红妈妈这样的烦恼？

2. 从学习报告单找原因

操作方式：为每个小组提供孩子二年级和三年级的学习报告单模板各1份，

仔细观察，不一样的地方用笔圈出来。然后，进行小组讨论，话题是"从学习报告单中发现的二年级到三年级的变化，来解密红红妈妈的烦恼"。组长负责主持，并把讨论结果记录在A3纸上。讨论完成后，派代表进行全班分享。

听到红红妈妈的烦恼，大部分家长纷纷表示深有同感。有位妈妈说："我家孩子也这样，一二年级的时候我没操过心，上了三年级每次看到成绩我就心烦，有的时候90分也考不到。问他也说不出所以然。"

对比两份学习报告单，每组都在报告单上画满了圈圈。大家很容易得出的结论：三年级增加了科学和英语两门学科；学科的评价方式大多采用具体的分数评定；体育的项目增加，要求也提高了。有位家长忍不住站起来说，原来三年级有这么多变化，我们是真的不知道呀！

报告单上一个个红色的圈圈解密了家长们的烦恼。原来孩子的考试分数比一二年级低了，是三年级共性的问题。有位爸爸分享说，昨天还在说我儿子现在读书不用功了，数学只考了92分，现在看来，三年级孩子学业上会面临更多的挑战，要求门门考95分以上，确实不容易。有位妈妈说，烦恼的源头就是"分数论"，分数差了，就认为孩子不用功，我们真的不能以单纯的分数来评价孩子在学校的一切，而是应该多了解孩子学习中的问题，多听听孩子们的想法。

（二）解读孩子的困扰

1. 听听孩子的心声

呈现根据课前调查归类整理的表格，同时，现场让孩子说一说，没考好时，爸爸妈妈让自己感到最不舒服或者不能接受的言语和行为，并说明理由。

感到不舒服的言语	感到不舒服的行为
怎么才考这么几分？ 别人家的孩子…… 这么简单的题都不会，真够笨的。 没有好好复习吧？	生气 责怪、埋怨 冷漠，不理人 "单打"或者"双打"
你上课到底有没有听呀？ 怎么又忘记了呢？ 我小时候……	惩罚（不允许） 撕考卷 拒绝签名

2. 家长分享感受

提问家长：听了孩子们的话，你们想说些什么吗？

课堂上，孩子们学着家长的样子，指出了最让他们感到不舒服的家长言行。还有部分孩子的即兴表演，赢得了大家的掌声。看来，生活中这样的言行普遍存在。最让孩子感觉不舒服的行为中，拒绝签名、撕试卷、不理人等行为排最前面。这些行为，让孩子特别难过，觉得爸爸妈妈爱的是分数，不是自己！特别是拒绝签名、撕试卷让孩子感到很没面子，又无法面对老师。

令人不舒服的语言也有很多，每家的情况都不一样。例如，有个女生说，最怕的是试卷拿回家让老妈签名，老妈总是指着错的几道题，说："这么简单都不会，真是笨！"接着，现场就有几个孩子开始抱怨自己的家长。有个男生说："我爸老是说'你看看小浩每次都考得比你好！'可是，你怎么不说小浩他爸还陪他一起滑滑板呢！可酷了！"

小男生言行中表达了对同学家的各种羡慕，惹得大家一阵欢笑。该男生的爸爸听着不是滋味，忍不住站起来说："我每次拿你和他比，是为了激励你进步！"儿子说："老爸，我也是激励你！"其实，无论家长还是孩子，被"别人家的谁谁"刺激，都会感觉不舒服。有位家长说，孩子们提的这些意见，确实是家长要反省的。其实，有的时候家长就是口头禅或者控制不住情绪。其他家长听了纷纷点头。最后，这个男生的爸爸说："现在的小孩子不得了，看来我们做家长的也要不断学习！"

过渡：三年级了，孩子在学习上真的面临着许多的挑战。爸爸妈妈，孩子需要适应，家长也需要调整和适应。孩子需要的不是指责，而是家长坐下来，心平气和地与孩子一起分析，更多去关注学习的过程而不是最终的结果。

设计意图：通过学习报告单解密红红妈妈的烦恼，让家长了解，随着科目的增加和难度系数的提高，孩子三年级的学习面临着新的挑战。通过调查与解读孩子的困扰，让孩子学会表达自己的感受，让家长体会到当学习压力增大时，孩子更希望的是家长与自己一起面对挑战而非家长一味地指责。

三、探讨分析:"红苹果青苹果"

座位调整:对应组家长、孩子位置调整,家长坐在孩子的身边。

(一)发现自己优势的"红苹果"

操作方式:亲子双方一起讨论,内容是"孩子学得最好的科目是什么?有什么好的经验?"。将宝贵经验写在"红苹果"上,经验可以从学习习惯、学习方法、学习态度、时间管理等方面去寻找。在小组内进行分享,然后每个小组推选一组家庭在全班进行分享。

《三年级》素材

大部分家长都能够跟孩子一起讨论,并写下学得好的科目和学习经验,孩子普遍比较开心、兴奋,纷纷分享自己的学习经验。例如,英语比较好的孩子往往离不开课外的听说读写,以及家长的计划、陪伴和监督。还有的孩子认为,兴趣是最好的老师,培养学科的兴趣是最好的经验。

从全班的优势学科来看,家长和孩子的经验一致性比较高。家长和孩子一起学习,或创造很多机会陪伴孩子,就能取得较好的成绩。有个女生说:"我英语学得好,经验就是妈妈和我一起学。"她的妈妈说:"我文化程度不高,英语也不太会,孩子一开始的英语成绩是很差的。后来,我每天早上给她放课本里的英语光盘,和她一起背单词。结果,每次都背不过孩子。孩子学习英语的劲头足了,成绩也好起来了。"看来,"红苹果"的形成离不开家长和孩子的共同努力。

(二)"青苹果"也能变为"红苹果"

操作方式:亲子双方一起讨论,找出困难的科目、不足之处以及改进的措施,并写在"青苹果"上。改进的措施要具体可行。在小组内进行分享,然后每个小组推选一组家庭进行全班交流,并分享感受。

"青苹果"的制作似乎比"红苹果"更难,大家有的低头不语,有的窃窃私语商量对策。从全班的"青苹果"统计情况来看,针对弱势学科的改进措施,孩子写得更为具体。例如,很多孩子提到,语文不太好。在改进部分,他们提出，老师要求的课前预习要按时完成，词语手册要好好使用，每周阅读一本课外书等。而家长更多地提到学习语文要多读多看课外书，多写作文，上课认真听讲等比较笼统的改进措施。

有个孩子分享时说自己数学差，每次看题都会看错，提出要多检查。这个孩子的爸爸提出，这个问题不是数学的问题，而是理解能力的问题。他说："我们每天要求孩子阅读一个小故事，然后和家长讲讲故事，这样来提高他的阅读理解能力。我们做家长的不能太功利，老盯住成绩，其实帮孩子分析原因才最重要。"接着有个家长说："其实我们也要接受'青苹果'嘛，总不能要求孩子样样都好！"家长们纷纷点头，表示赞同。

过渡：每一个孩子都如同一棵小树，父母的陪伴引导如同阳光，沐浴着阳光，"青苹果"会渐渐变成"红苹果"。不久的将来，小树上的"红苹果"会越来越多。

> 设计意图：通过"红苹果青苹果"活动，让亲子携手寻找孩子身上的优势和不足，一对一进行学习分析，帮助孩子更好更快地适应小学中段的学习。同时，也让亲子双方明白，"青苹果"到"红苹果"是一个逐渐发展的过程，需要亲子双方的共同努力。

四、美好愿景：果实累累的小树

（一）我们的苹果

教师先在黑板上贴上一棵小树，请大家将自己的"红苹果"和"青苹果"贴到小树上，大家一起欣赏。（背景音乐：童声版《蜗牛》）

音乐响起的那一刻，孩子们手握"红苹果"和"青苹果"，感觉是那样的兴奋。有了爸爸妈妈的理解和支持，他们对学习充满了信心。尤其是回到座位的那一刻，有的坐在爸爸妈妈的腿上，有的靠在爸爸妈妈的身旁，有的家长给了孩子一个大大的拥抱。那种温馨的场面，真的让人十分难忘。

（二）梳理收获，分享感受

每个小组推选一位代表分享这节课的收获和感受。

有个孩子说："我知道爸爸妈妈都是为我好，我会继续努力，多变出'红苹果'的！"孩子们稚嫩的小誓言，让在场的家长无不感动。有位妈妈说："上了三年级，孩子成绩没之前好，我一直挺担心的。现在看来，是我只盯住成绩看，不知道学业情况，不理解他。以后得多和孩子聊聊，多听听他的看法，而不是一味地责怪和抱怨。"确实，一个分数的背后有很多的原因。困难面前，需要亲子携手，共同努力。

结语：孩子们，三年级，意味着我们渐渐长大，能够自己学着做很多的事情了。爸爸妈妈，三年级，科目增加了，学习的难度也提高了，对孩子们来说，这是很大的挑战。但每一个孩子都会尽自己最大的努力适应三年级的学习生活。成长的道路上，有挑战有不足，有了爸爸妈妈给予孩子的支持和帮助，"青苹果"会有变红的那一刻，小树也会有硕果累累的时候。

> **设计意图：** 通过黑板上不同颜色的苹果展示，让亲子双方再次看到每个孩子都有自己的优势和不足，并在音乐声中体验升入三年级的积极感受。通过课堂的收获分享，亲子感悟成长路上需要携手一起努力，才能让小树枝繁叶茂、硕果累累。

小学高段 五年级

设计者：张　萌
指导者：周　昀　周颖芳

学情分析

　　五年级的孩子陆续进入青春期，身体悄然发生变化的同时，自我意识也逐渐增强。而很多爸爸妈妈还没准备好应对孩子的转变，对孩子的生活、学习仍像中低段时一样面面俱到，管得很严。这让孩子觉得父母还总把自己当小孩子看待，不尊重自己。而爸爸妈妈不理解孩子的行为，感叹孩子相比之前越来越"不听话"。这导致亲子关系紧张，冲突增多。

　　本课聚焦五年级孩子成长变化背后的诉求，以增进亲子间相互了解为目标，让孩子看见爸爸妈妈面对自己的成长也有很多不适应，需要多一分理解；帮助家长意识到孩子长大了，自我意识开始觉醒，有更强的独立性，希望被当作大人看待。

活动对象

　　五年级学生及家长。

活动目标

目标	家长层面	学生层面
知识层面	了解到五年级孩子陆续进入青春期，随着生理的变化，自我意识开始觉醒，有更强的独立性，希望被当作大人看待。	了解到虽然自己正在长大，但是在父母眼里仍是孩子。
能力层面	学会读懂亲子冲突背后，是孩子成长的诉求。	学会读懂亲子冲突背后，有父母对儿女成长变化的不适应。
态度层面	以平和的态度接纳孩子因成长带来的变化。	接纳父母在面对儿女的成长变化时的不适应。

活动时间

五年级第一学期开学一个月前后。

活动准备

（1）座位安排：孩子和家长各3组，每组6—8人，孩子组与家长组一一对应。

（2）课前调查：课前教师播放绘本片段"明白了没有"，要求学生参照绘本，采用图文结合的方式，描述自己家庭中发生的类似的故事。教师将学生作品制作成自创绘本《我想自己来》，以PPT的形式展示。

（3）视听媒体：纯音乐《雪之梦》（*Snow Dreams*）。

（4）照片收集：每个学生准备3张自己小学阶段不同年级的照片，教师收集全班学生照片后，按照一年级到五年级的顺序制作成电子相册《我们长大了》。

（5）绘本处理：将绘本《妈妈你好吗？》①截成四个片段，分别为"明白了没有""不要随意打扫我的房间""我的宝贝""妈妈我爱你"，本课中使用第一个片段。

（6）材料准备：每组1张海报纸、1张A3纸、1盒水彩笔，每对亲子1份《亲子约定》。

活动过程

一、暖心氛围：时光故事会

（一）播放相册《我们长大了》

课前循环播放电子相册，展现孩子成长变化的过程。（背景音乐：《雪之梦》）

家长和孩子落座后，不由自主地被相册吸引，进而相互交流。家长之间也相互分享着照片中的故事，氛围融洽。有一位妈妈看到孩子一路的变化成长，

---

① 后藤龙二，武田美德.妈妈你好吗？[M].蒲蒲兰，译.北京：二十一世纪出版社，2008.

甚至眼角闪烁着泪花。

（二）分享故事，感受变化

请2—3组亲子讲述照片中的故事，并分享现在再看到这些照片的感受。

家长纷纷表示时间过得真快，一转眼孩子就这么大了。有位爸爸说原来还觉得孩子小小的，现在真不一样了，有一张照片是一年前拍的，穿着小西服，很帅。有孩子说觉得自己小时候脸圆圆的，现在脸型变长了，变化很大。还有一位妈妈说道："我们家在每年过年的时候都会拍一张全家福，第一张是一年级的时候，孩子才到我腰这里，但短短几年孩子长得很快，现在都快赶上我了。"很多家长和孩子分享后自然地相拥而坐，课堂氛围轻松温暖。

过渡：是啊，一转眼，刚入学的小不点都上五年级了。照片中一个个小故事讲述着孩子们成长的快乐点滴。但日常相处中，故事不见得总是快乐的，也有曲折的小摩擦。比如下面故事中的这个男孩子，他给妈妈写了封信，里面藏了好多小故事。

> 设计意图：通过"时光故事会"，唤起父母和孩子的回忆，营造温暖开放的氛围；同时通过照片呈现孩子从一年级到五年级的变化，让家长直观地感受到孩子正在长大！

二、聚焦冲突：我想自己来

（一）分享绘本片段"明白了没有"

来自绘本《妈妈你好吗？》的第一个片段，分享了绘本中的小男孩在母亲节前给妈妈写的信中的第一个想法。

绘本内容：第一个要说的就是你的口头禅，不管说什么，你最后总是会加上："明白了没有？""路上小心，明白了没有？上课别跟阿香聊天，明白了没有？不要拽勇介的头发，明白了没有？"今天早上在门口，你就说了好几遍。

勇介和阿香就在旁边，我嘴上忙着答应，心里实在有点难为情。①

提问：看了故事，你有什么想法和感受？在我们生活中是否也有类似的事？

绘本中的小男孩吐槽妈妈总是对自己各种不放心，觉得自己不再是小宝宝了，坦诚地提出对妈妈"明白了没有"这句口头禅的严重不满。故事引发亲子间的热烈讨论，一个女孩说道："每次我一回到家，妈妈就会说个不停：'快去写作业，东西拿回来了吗？作业写好了吗？'当听到妈妈这样说的时候，感觉挺不爽。妈妈表面上好像是关心我，但是我却觉得她是在怀疑我的能力。"有位妈妈说道："好像自己也经常跟孩子说要怎么做怎么做，虽然知道孩子已经长大了，还是不自觉地把他当成小孩子来看待。"还有位爸爸说："我不会像故事中那样做，因为我觉得只有让孩子自己去尝试了，他才知道自己到底能不能做。比如选衣服、整理房间之类的，不能一味地包办，也不要一直啰唆地问孩子听明白了没有。"

（二）分享自创绘本《我想自己来》

幻灯片一张张呈现孩子们课前画的作品。看完后，请孩子们分享事情发生时的感受。请家长分享看到孩子的绘本作品，听完孩子分享后的想法和感受。

《五年级》素材

当老师表示要播放孩子画的绘本续编时，场面一度混乱：家长询问的目光纷纷转向孩子，有好奇也有忐忑；很多孩子则直接喊"不要啊"。在老师追问下，有个孩子说出顾虑："看了又该说我了！"

《我想自己来》中满满的都是孩子成长的诉求。他们开始有自己的主张。

一个小男孩说："我家离学校很远，每次都是奶奶用她的三轮车来接我。但是坐在奶奶小小的三轮车上看到奶奶骑得很累，我觉得好拘束啊！我想独立一会儿，我可以自己走回家。"妈妈听到孩子的话，马上接过了话匣子："其实孩子已经和我们提出了好几次。学校到家要走20分钟，从上学以来都是奶奶接送的，我们就一直没同意。孩子真的已经长大了，小脑袋瓜里开始有了自己的主张了。"孩子提出："虽然我可能会很累，也会让你们很担心，但是我想试一

---

① 后藤龙二，武田美穗. 妈妈你好吗？[M]. 蒲蒲兰，译. 北京：二十一世纪出版社，2008.

试。"现场响起了掌声。

一个小男孩说:"妈妈以'汉堡包是垃圾食品'为理由从来不让我吃,又不告诉我到底有什么不好的。可是我喜欢吃这些。我知道这些对身体不好,我只想偶尔吃一次。这个小小的要求都被拒绝了,我觉得妈妈实在是太霸道了。我不是小孩子了,能控制自己的啊!"妈妈看到孩子委屈的样子,忍不住用手轻轻抚摸孩子的头安抚孩子:"可能我们家长每次都拿自己认为正确的准则来要求孩子,却忽略了孩子的感觉。我总以为孩子还小,其实他已经在独立思考了,有自己的是非判断!"

一个小女孩说:"妈妈总是给我买了衣服之后才告诉我,我都不知道是什么样的。每当这个时候我就特别生气,觉得妈妈还是一直把我当成一个小孩子,觉得根本没有必要征求我的意见。"妈妈一脸尴尬地承认:"我们小时候都是家长给什么就穿什么,哪有什么喜欢不喜欢的。我倒真没想着要去问问孩子的意见,没想到孩子会这么介意。"

另一个小女孩说:"其实我已经会自己扎辫子了。每天早上都是妈妈帮我扎辫子,每次我想自己尝试一下,妈妈都会打击我:'乐乐,这里又多了一个角。'她这样一说我就不想自己扎了。"听完孩子的表达,妈妈说:"和培养孩子的能力比起来,扎得漂不漂亮没那么重要。我也知道我不在家的时候,孩子都是自己扎的。"

过渡:谢谢孩子们的勇气和坦诚,谢谢爸爸妈妈们的倾听与尊重。爸爸妈妈们,在日常生活、学习等很多方面,亲子间会有冲突,看起来都是吃饭穿衣这样琐碎的小事,其实背后是孩子们在呐喊:"我们长大了,不要再把我们当成小宝啦!"孩子们,我们非常希望被当作大人一样看待,但是,在父母眼里,孩子仍是孩子。面对我们的成长变化,父母其实还挺不习惯的。接下来,请换个角度来看看!

设计意图:通过绘本片段"明白了没有",呈现了家长对孩子的各种不放心,并引出话题;通过自创绘本《我想自己来》及亲子的互动分享,让家长更进一步感受到孩子正在长大,有了独立的诉求,同时也让孩子感受到父母在面对自己成长时的不适应。

三、寻找规律：五年级了

（一）小组讨论，换位思考

1. 小组讨论

操作方式：采用小组讨论的方式进行。孩子组的话题是"生活中爸爸妈妈为什么总给我们设定条条框框"；家长组的话题是"《让我自己来》中发生的故事，为什么让孩子觉得不舒服"。组长负责主持，并把讨论结果记录在 A3 纸上。讨论完成后，派代表进行全班分享。

2. 全班分享

请 3 个孩子组先分享。请家长听完孩子的分享后，谈谈孩子理解的对吗，家长给孩子设定条条框框的出发点是什么，然后请 3 个家长组分享。请孩子听完家长的分享后，谈谈爸爸妈妈理解得对吗，让孩子不舒服的原因到底是什么。

孩子组分享道：可能爸爸妈妈觉得我们还小，怕我们受伤害，觉得我们不能管好自己，他们认为自己的想法总是对的，我们还没有自主的权利，为我们好，等等。一个女孩还特别提道："其实我知道妈妈因为常常一个人照顾我，不放心我，所以才会那样管我。但是我还是忍不住会和她吵，最后两个人都很难受。"听完孩子的话后，老师问家长，孩子的理解对吗？一位家长反思，孩子从小到大，家长的确一直是担心这担心那。但现在孩子长大了，家长有些想法也要放开一点。有时候家长管得太严，反而给孩子造成了压力。

家长组认为孩子会不舒服是因为他们觉得不被尊重，希望能自己做主却没有机会，没有被平等对待，不被家长信任，想要长大却一直被当作小孩看待。听完家长的话后，一个孩子说："的确这些就是我们感到不舒服的原因，很多时候我们觉得不公平。刚才还挺担心妈妈看到我的画的，但现在感觉妈妈能理解我。"

（二）寻找共性，感受变化

操作方式：采用小组讨论的方式进行。孩子组的话题是"上五年级了，我们有什么变化，面临哪些挑战？"。家长组的话题是"从刚才孩子的自创绘本故事和日常相处中，你觉得孩子的变化究竟在哪里？与三年级时有什么不同？"。组长负责主持，并把讨论结果记录在海报纸上。讨论完成后，派代表进行全班分享。

分享时很多孩子表示并未感受到自己的变化，只是笼统地说自己长大了、长高了等外在的变化。而提到五年级面临的挑战时，孩子们的回答出奇一致，都集中在学业上，认为学习难度加大了，学习很累。作业比之前多很多，更有挑战与难度。

孩子们心理的变化，家长们深深地感受到了。家长组提到，五年级的孩子更加独立自主了。他们开始独立思考，有了自己的主见和小主意，会区分自己想要的和不想要的；遇到问题会自己想办法，应变能力提高了；自我意识更加强烈了，他们开始希望自己受到关注，希望得到尊重，变得更加在意自己的面子。因为他们的独立自主意识增强，会让他们表现得有点小叛逆，会发一点小脾气，也有的开始和父母拌嘴。

这种自主性也让他们更像大人了，在学习上，孩子比以前主动认真了，遇到难题会动脑筋解决；自我管理能力也有所提高，懂得自我安排时间；做事情开始变得主动，试着自己去做一些规划，对自己的事情会有责任感。在生活上孩子们也更加独立了，自理能力更强了，除了做好自己分内的家务还能主动帮家人分担。在交友方面，孩子有了自己的朋友圈子，有知心好友。

过渡：因为爸爸妈妈的担心给孩子设置了种种限制，让孩子觉得没有被平等对待而不舒服。其实，五年级的孩子开始更加自主，更加独立，他们想要像大人一样对自己的生活负责。这样的变化，也意味着孩子正在茁壮地成长着，各方面的能力都在提升中。那么，爸爸妈妈和成长中的孩子要如何更好地相处呢？我们一起来商量。

> 设计意图：通过小组讨论、换位思考，让家长了解孩子希望被当成大人平等看待的需求，让孩子理解父母的担忧和不适；寻找共性的环节，不仅让孩子感受自己的成长变化及面临的挑战，更重要的是帮助家长了解成长的规律，积极看待孩子的变化。

四、亲子约定：积极面对

座位调整：对应组家长、孩子位置调整，家长坐在孩子的身边。

（一）你我约定

操作方式：亲子坐在一起，根据各自家庭的实际情况，完成《亲子约定》。家长思考并回答：为了让孩子更好地成长，我可以做什么？孩子思考并回答：为了让家长可以把我当成大人一样看待，我可以做什么？完成后，与全班分享。

约定过程中大多数亲子能够积极交流，认真倾听。家长提出，为了让孩子更好地成长，需要把孩子当作一个独立的人，而不仅仅把他当作是"我"的孩子。在做决定提要求的时候，多听一听孩子的想法，多给孩子一些机会。还要改变观念："不一定我们的想法就是对的，相信孩子已经有了一定的是非判断能力。"孩子认为："为了让父母把我们当作大人一样看待，需要好好地和爸爸妈妈提要求，学着和他们好好表达，努力做好自己的事情，让他们相信我们已经长大了，去想一想爸爸妈妈到底在担心什么，然后消除他们的担心，多和他们相处，让他们知道我们的变化。另外，还可以带爸爸妈妈多上亲子沟通班会课！"

有的家庭根据之前的绘本内容进行细致约定，那位要自己扎辫子的女生提出要自己多练习；想自己回家的小男孩的爸爸提出，如果孩子要自己回家也可以，但是需要先给他买一个电话手表，以便能及时联系上孩子。当然，也有少数亲子在讨论的过程中，起了小争执。但是家长并没有一味地要求孩子必须听自己的，而是尽量在协调。亲子双方努力地表达想法，争取达成共识。

（二）分享感受

提问：听到对方的承诺，你的感觉是什么？

一位家长说："刚才女儿跟我说她自己能干很多事情，我真的很高兴！是的，孩子一天天在长大。前面看到那么多孩子的画，心里触动真的很大。很多家长都会犯同样的错误，一直把孩子看作小孩，但是他们开始长大了。我们也会反省，也会去改变。"一个孩子分享说："今天妈妈会问我事情原因，以后我有心里话也会跟妈妈说说看。"还有一个孩子说："爸爸答应不会再每天催我做作业，这样还挺好的。当然，我也会认真对待学习，自己主动写作业。"

结语：爸爸妈妈，五年级了，孩子慢慢长大了，他们希望家长更加信任他们，把他们当作大人一样平等对待。对父母而言，这的确很不容易，但这是孩子成长的诉求。孩子们，面对你们的成长，爸爸妈妈也很不适应。但是，他们也在努力改变。今天，他们就在很认真地倾听你们的想法，努力适应慢慢长大的你们。大家一起加油！

> **设计意图：**一对一的约定，让亲子双方回到家庭实际生活，思考面对成长变化各自可以努力的地方。听到承诺的回馈分享，进一步强化改变的意愿，让家长更积极地接纳孩子成长带来的变化和挑战，也让孩子更好地接纳父母在面对孩子成长变化时的不适应。

初中段 上初中了

设计者：施叶娟　毕蓓蓓
指导者：蔡迎春

学情分析

　　进入初中后，孩子的学习和生活都会面临巨大的转变。初中与小学有很大的不同，学科数目增多、难度增大，学习要求和思维方式也改变了。同时，孩子进入青春期，自我意识增强，心理上开始要求独立，不再像小学时那么依赖父母。因此，家长只有了解上了初中后孩子会发生哪些转变，读懂青春期孩子的成长规律，才能够更有效地与孩子沟通，帮助孩子积极适应初中生活。

　　本课聚焦孩子成长的变化，通过游戏活动、视频分享、小组讨论等形式，梳理出孩子上初中后的三大变化，从而帮助家长读懂孩子的成长规律，帮助孩子更好地面对初中生活带来的挑战，适应初中生活。

活动对象

　　七年级学生及家长。

活动目标

目标	家长层面	学生层面
知识层面	了解到孩子进入初中，面临很多的挑战，有学习方面的，也有青春期带来的成长困扰。	了解到从小学到初中，学习和生活都会面临很大的转变。
能力层面	学会理解孩子的感受，帮助孩子适应初中生活。	学会接受变化，适应初中生活。
态度层面	感受到孩子成长的力量，积极接纳成长带来的亲子关系的变化。	积极面对初中生活带来的挑战。

活动时间

七年级第一学期。

活动准备

（1）座位安排：孩子和家长各3组，每组6—8人，孩子组和家长组一一对应。

（2）视听媒体：从纪录片《幼儿园》中剪辑两段小视频，分别为《入园第一天》和《我们一直在努力》，配钢琴曲《分享好时光》。

（3）照片收集：收集每个孩子不同时期的照片4—5张，分别是婴儿时、幼儿时、小学低段时、小学中高段时、初一时的照片，制作成电子相册《我们的成长》。

（4）材料准备：2块移动黑板，并分别标记家长组和孩子组。每组1盒水彩笔，1张海报纸。每对亲子1张用红色彩纸制作成的心形卡片。每人3张白色小词条。

活动过程

一、热身活动：看看谁会赢

（一）亲子游戏

操作方式：家长和孩子面对面排成两列。双方伸出双手，手心相对，间隔一掌距离，四手交错。老师读一篇短文《上初中了》，当读到"成长"一词时，孩子伸手抓，家长的手"逃跑"；当读到"变化"一词时，家长伸手抓，孩子的手"逃跑"。

热身活动迅速让家长和孩子的情绪高涨起来。亲子一起专注地聆听老师念的短文，每当"成长""变化"出现的时候，"群情激昂"。很多时候，认真地抓，也未必抓得住对方。偶尔抓住的，感觉像中了彩票，一片欢呼雀跃。

（二）分享感受

提问孩子：刚才在游戏中逃脱三次的同学请举手。成功逃脱的感觉怎样？

提问家长：刚才在游戏中一次也没抓到孩子的家长请举手。没有抓住孩子的感觉怎么样？

活动中总共有6次机会，3次是孩子伸手抓家长逃，3次是家长伸手抓孩子逃。分享中发现，孩子逃得比家长快，有5位家长一次也没有抓到孩子。孩子得意扬扬地说："逃脱的感觉太棒了！"而妈妈无奈而又笑着对孩子说："你躲得太快了！"

过渡：在生活中，这样的抓和逃的场景是否似曾相识？爸爸妈妈老是想管住孩子，而孩子却想摆脱束缚。成长变化过程中总会带来各种亲子冲突。下面，让我们一起来了解一对亲子的烦恼。

> 设计意图：通过游戏"看看谁会赢"中抓逃的情形，比拟现实生活中亲子关系的状态，让亲子双方初步感受到，上初中后，随着孩子的成长变化带来的彼此关系的转变。

二、话题聚焦：成长遇烦恼

（一）内心独白：我的烦恼谁能懂

1. 倾听孩子的心声

主要内容：不知从什么时候开始，我突然觉得自己家庭的空间变小了，难道是我的个子长高了，才感觉家里的天花板给了我一种压抑感？我说不清楚为什么，反正觉得自己越来越像一只关在笼子里的小鸟，毫无自由。父母与我朝夕相处，却根本不懂我的心，不了解我的需求，也不清楚我的困惑。他们对我是斥责多于鼓励，要求多于倾听，现在我已经明显感觉到我和他们之间存在隔阂。我和父母要么是互不搭理，要么就是激烈的争吵。我该怎么办？

提问孩子：你有过类似的感受吗？

2. 倾听父母的心声

主要内容：女儿是在我们无微不至的呵护下长大的，可她上了初中以后，与我们的交谈明显减少了，问她学校里的事，总是一句"不知道"就打发了我们，平日里我们要她向东，她偏要向西，我们认为美的，她却不屑一顾，越是不让她做的她越去做，越是让她做的她偏偏不去做，原来那个依偎在我们身边的女儿到哪里去了？难道这就是我们付出无数心血换来的结果吗？

提问家长：你有过类似的困惑吗？

很多孩子和家长都有类似的感受与困惑。有的孩子说："我现在在家里也是更喜欢自己一个人在房间待着，画画或者上网，最烦爸爸妈妈来打扰了。"有的孩子觉得父母一点儿都不了解自己，心里很委屈，还是愿意和朋友们在一起。

家长们的反应尤其大，个别家长忍不住现场吐槽。有位妈妈说："从小特别喜欢女儿，真的是小棉袄。可是现在连逛街买衣服，都能大吵一架！我看上的，她嫌土；她喜欢的，我觉得实在是没法接受！真的太难伺候了！"有位爸爸说："我和刚才那个家长的心情一模一样。儿子小时候虽然捣蛋，但总体还是比较听话的。而现在，要么什么都不说，要么就是顶嘴、发脾气！"

（二）合作探寻：初中带来的改变

1. 小组探索：发现变化

操作方式：每个人在桌上取三张白色词条，在每张词条上写孩子上初中以后的一个变化。小组内分享每个人发现的三个变化，并说说具体情况。综合所有成员的词条，选出本组认为最具挑战性的三大变化。

2. 全班聚焦：三大挑战

操作方式：家长组和孩子组各自在两块黑板上粘贴三大变化。各组代表分别陈述，并分享感受。最后教师梳理上初中的孩子最具挑战性的三大变化。

本环节聚焦孩子上初中后的变化。每个人都能写出几条。在组内分享，看到自己和别人写的一样的时候，大家都很激动，仿佛找到了知音，找到了安慰。到全班梳理的时候，每个人都伸长脖子张望别人写了什么。看着自己这边的黑板，再看看对方那边的黑板，大家有所思有所悟。

上初中了，孩子组梳理的最大挑战是学习压力增加，排在第二位的挑战是与父母的沟通变少,排在第三位的挑战是自己的脾气变差了。参与分享的孩子都提到,初中科目更多,难度更大,作业量也多了!学业上的适应有些不容易。有个孩子说:"我和父母之间好像突然有了代沟,有的时候真是无法沟通。其实我也感觉自己脾气大,有一次和妈妈吵架,关上门,我也很难过、很后悔,但是我不知道怎么办。"家长和孩子纷纷点头,表示认同。

家长组提出的挑战与孩子组提出的基本一致,分别是:孩子脾气变差、亲子沟通问题、学业负担加重。分享中发现,只有一小部分家长提到孩子上初中后长大了,更独立了。很多家长还是非常不适应孩子上初中后的变化。例如,有位家长说:"孩子和我们的距离是越来越远了,话也少了,说多了还容易闹别扭甚至吵架。特别是提到学习,孩子态度就更差了。"有的家长说:"孩子大了疏远是难免的,毕竟他在学业方面、人际方面都可能面临很多挑战,甚至可能比我们家长想象的更难!"

(三)重温感受:幼儿园入园的焦虑

1. 播放视频《入园第一天》

视频内容介绍:视频截取自纪录片《幼儿园》,该片段内容选取了孩子们幼儿园入园第一天的情形,突出表现了孩子们迷茫、害怕和无助的神态。

2. 分享感受

提问孩子:还记得自己上幼儿园的情形吗?

提问家长:还记得孩子上幼儿园最大的挑战是什么吗?

看着纪录片中小孩入园第一天的情景,孩子们一开始觉得很好玩,而家长们则感慨万千。有一位妈妈被采访到的时候,哽咽得不能说话。确实,小宝贝第一次离开家长的视线去过集体生活,在完全陌生的环境中,自己吃饭穿衣、与别人相处,是多大的挑战啊!那个时候,有的家长担心孩子在幼儿园能不能吃好饭,有的家长担心孩子会不会想妈妈哭鼻子。对入园第一天的重温,让家长和孩子都联想到上初中后因为各种变化与挑战带来的不适、焦虑,其实,在孩子是小不点儿的时候就已经经历过。

过渡:就像大家在视频中看到的,上幼儿园的时候孩子会焦虑,会大哭,家长也会很紧张。如今九年过去了,看起来孩子已经长大了,但是,家长和孩子依然在经历一段适应过程，而且内容更具挑战性。接下去，就让我们通过亲子总动员一起来讨论如何更好地应对这些挑战。

> 设计意图：通过亲子双方的内心独白，再次感受孩子上初中后的变化。通过合作探寻，梳理上初中后孩子最具挑战性的变化，重温《入园第一天》，帮助亲子双方了解成长规律，更积极地接纳变化。

三、共商对策：亲子合力应对变化

座位调整：对应组家长、孩子位置调整，家长坐在孩子的身边。

（一）小组讨论：同心协力直面挑战

操作方式：每个小组自由选取黑板上最具挑战性的一个变化，进行讨论，主题是"面对这个挑战，我们可以有哪些应对的方法"。家长和孩子同心协力解决问题，并记录在海报上。每个小组派代表上台分享亲子一起应对挑战的办法。

家长和孩子交换位置后，3—4个家庭为一组。每个小组领取上个环节全班梳理出的三大挑战中的一个来商讨对策。小组成员不但想出了实用的办法，而且增进了亲子间的了解。

关注学业负担加重的小组：家长们回忆了自己的学生时代，与孩子们的交流中更像"学长"在分享经验。他们提出上课要认真听讲，提高上课的效率；遇到不懂的地方及时请教老师和同学；多与同学交流学习方法和学习经验，找到适合自己的学习方法等。他们还特别强调要学着制订计划和管理分配时间。来自"学长"的经验是孩子们不要着急，刚开始接触新的学习科目肯定不习惯，慢慢就会摸到门路了。还有个家长以自己学生时代的经历作为"反面教材"，鼓励孩子们要坚持不懈，相信自己。有的小组还提出，做家长的要多考虑孩子的心情和感受，不要老跟别人家的孩子比较，毕竟每个孩子都是不一样的。

关注亲子沟通问题的小组：一开始家长们和孩子们不自觉地形成两大阵营，讨论到底是谁的责任更多一点，也出现了个别亲子对峙的局面。在讨论的过程中，大家逐渐意识到沟通问题亲子双方都有责任。最后，小组达成了多条共识。例如，当彼此有情绪的时候，要先冷静下来，再尝试着沟通。孩子有不同想法的时候，要及时向家长表达，但是要好好说。家长不要把工作中的脾气带到家里，不要把孩子当出气筒。家庭中多一些轻松愉快的亲子活动，增进亲之间的了解，也有利于沟通。

关注孩子脾气变差的小组：大部分的孩子比较认同自己在情绪上的变化，而家长们看起来更接纳这一变化。家长普遍认为孩子上初中了，不要习惯性地把他们当小孩子，控制太多。孩子情绪不好的时候，家长要给孩子时间和空间去调整，而不是一味指责。其实孩子有能力慢慢了解自己的情绪，学习一些调控情绪的方法。听了家长的这些话，孩子们也开始反思自己，亲子合力商讨对策。最后，老师补充道，其实青春期的孩子情绪容易波动，与激素分泌有关。所以，生活中多一分理解和接纳，就能更好地促进孩子的成长。

（二）感受力量：曾经的我们

1. 播放视频《我们一直在努力》

视频内容介绍：视频截取自纪录片《幼儿园》，内容选取了小班小朋友自己穿衣服和放凳子的情形。一次又一次穿不上衣服，一次又一次无法把凳子放到桌子上面去，孩子又生气又懊恼，但是却不断地尝试和努力。

2. 分享感受

提问亲子：看到这段视频，你有什么感受？

看着视频中的孩子自己扣扣子、放凳子时笨拙、可爱又努力的样子，家长和孩子们都很动容。这次，老师特地采访了一位刚才看到《入园第一天》时泣不成声的妈妈。这位妈妈说："想到幼儿园入园的辛苦，再看看现在的孩子，真的特别自豪！为我自己也为孩子！虽然现在也有不少问题，但是只要我们努力，一定可以更棒！"当问及孩子的感受时，有个孩子说："现在看起来这么简单的动作，我们小时候却觉得很难。那我们现在觉得难的事情，只要我们一直努力，未来也会觉得很简单。"

过渡：生活中的经历需要被了解，生活中的感受需要被理解，今天我们就做了这样一件事情。面对成长过程中的各种挑战，其实我们只要放下各种各样的情绪,朝着同一个目标一起去努力,就能勇往直前。正如,我们曾经一起经历过的幼儿园入园的挑战一样。

> 设计意图:通过小组讨论,亲子双方共同出谋划策,应对变化,帮助家长更好地理解孩子的变化,帮助孩子更好地适应初中生活;通过视频《我们一直在努力》,帮助家长感受到孩子成长的力量,帮助孩子相信自己,更有勇气直面挑战。

四、梳理感悟:成长的力量

(一)欣赏相册《我们的成长》

呈现每个孩子从婴儿、幼儿、小学低段、小学中高段到初一时的照片。看完后,请家长分享感受。(背景音乐:《分享好时光》)

看着孩子从小宝宝变成了身边这个大小孩,家长们脸上洋溢着惊喜、欣慰、自豪和满足的表情。有位妈妈说:"刚才看到照片,真的感触很深。儿子从被抱在怀里,到现在比我都高了。虽然现在儿子不粘我了,有时候我们也会因为一些事情吵架,但是我们依然相亲相爱。"

(二)制作心形寄语卡

每对亲子取一张心形寄语卡,一起书写成长寄语。家长写对于孩子成长的寄语;而孩子写在成长过程中想对家长表达的,或对自己的成长祝福。

《上初中了》素材

在场的亲子认真地书写着成长寄语。有个妈妈这么写:"上初中了,第一次离开家,我知道你生活上有些不习惯,学习上也有困难。但无论遇到什么问题,爸爸妈妈永远相信你、支持你!"有个男孩这么写:"从小到大,妈妈一个人带着我,妈妈辛苦了!我现在长大了,请你相信我会越来越棒!"这些感人的字句被写在红色的爱心纸片上,也许是美美的梦想,也许是殷殷的期待,也许是对彼此满满的感恩,但一定会有沉甸甸的爱和陪伴!

结语:孩子从呱呱坠地,到现在上初中了,我们一起携手经历了成长路上的各种挑战。现在,可能还有很多挑战,以后,可能也会遇到各种问题。但是只要我们像今天这样,一起面对,就能够勇往直前。

爸爸妈妈,我想对你们说,试着跟随孩子成长的变化而改变教育方式,这样才能让我们满满的爱不被误读。孩子们,我想对你们说,到了一个新的环境每个人都会遇到各种各样的挑战。成长与梦想就在一次又一次的尝试和努力中。而任何时候,爸爸妈妈都会在你们身边。

> **设计意图:** 通过播放成长相册,让亲子双方回顾美好时光,再次感受成长的力量;通过心形寄语卡的互赠,放飞成长的希望,帮助亲子双方回归自身实际,积极接纳成长带来的亲子关系的变化。

学会陪伴系列

学会陪伴
系列解读

　　埃里克森认为，人的发展历经八个阶段，其中，学龄期（6—12岁）主要面对勤奋与自卑的冲突；青春期（12—18岁）主要面对自我同一性和角色混乱的冲突。在学龄期如何形成勤奋感和对自己力量与能力的信任感，在青春期个体获得自我同一性，完成"猴子变人"，都是父母需要读懂的。基于成长规律的解读，父母作为孩子生命成长中的重要他人，如何更好地陪伴孩子呢？

　　自信的培养是小学阶段重要的任务，而父母的评价有重要的影响力。小学低段，帮助父母发现孩子的优点，学习肯定并鼓励孩子。小学中段，帮助父母学会和孩子一起分析错误而非指责，使错误成为孩子成长的助力。随着青春期自我意识的觉醒，亲子关系也在发生很大的变化。小学高段，帮助父母学会根据孩子的需求，有效陪伴孩子。到了初中，更有效的陪伴是站在孩子背后的支持。

　　《爱我，你就夸夸我》：进入小学后，孩子们遇到了很多的困难。有些家长能够陪着孩子，一起想办法解决，但有些家长却常常批评、否定、责怪孩子。这让孩子对自己产生了疑惑，甚至否定。如何帮助父母学会鼓励、接纳并欣赏孩子？我们通过孩子夸家长和《榜上有名》肯定孩子的体验活动，感受到被人肯定真开心；通过绘本片段"找不到优点的小爱"的呈现和白底黑点图的讨论，了解到太在意缺点反而会忽视孩子的优点；通过多元智能理论夸奖花的设计，了解到每个人都是有优点的，学习从不同的方面发现孩子的优点；最后续读小爱的绘本故事，感受到父母的鼓励与肯定有助于孩子更好地接纳自己，进而产生更多的发展动力。

　　《爱我，你就帮帮我》：三年级的孩子，想尝试独立，但能力有限；想自主，但水平有限；充满热情，但常会犯些小错误。面对错误，更多的家长往往是指责而非协助。如何帮助亲子理性看待错误，使错误成为成长的助力？我们通过"反口令游戏"，体会到尽管不想犯错，但还是免不了失误；通过绘本片段"阿力犯错了"的阅读及亲子"错误卡"的交换，明白每个人在成长的过程中都会犯错，犯错并不可怕，重要的是要积极去面对；通过现实中犯错后应如何应对的讨论和绘本片段"是不是我乖乖的,你才爱我"的阅读,感受到父母的爱和包容会让孩子更有力量去面对错误,学会一起心平气和地分析错误;最后,通过续读阿力的绘本故事并将"错误卡"制作成美丽的花朵,感受到孩子正是在试错中不断成长的。

《爱我,你就陪陪我》:五年级的孩子,对人、事、物有了自己的思考和评价,对父母的要求不再一味顺从,但同时,他们也面临许多挑战,既渴望摆脱管束,又期待得到父母的帮助和支持。如何帮助亲子更好地相处,给予彼此需要的陪伴?我们通过照片故事《我们小时候》,重温孩子幼时亲子在一起的幸福时光,回忆曾经的陪伴;通过视频《你快成手机的爸爸了》,引出生活中因工作忙或"手机控"等忽视对孩子的陪伴,感受到孩子需要当下的陪伴;通过"我想要的陪伴""为好陪伴点赞""请给我想要的"的诉说和互动,发现孩子需求与父母想法间的差异,探讨基于需求的有效陪伴;最后,通过孩子感言"爸爸妈妈,再不陪我我就长大了"和父母感言"孩子,我想对你说"表达并感受亲子之爱,珍惜美好的陪伴。

《一路上有你》:与小学相比,初中生的学业要求更高,压力也更大。许多家长很关注孩子的学习状态,但不知道如何去支持。往往在考试后,亲子双方会发生冲突。如何帮助亲子理性对待考试成绩,给予彼此有效的支持?我们通过"爱的抱抱"重温亲情温暖的同时,感悟亲子关系的变化;通过小品《分数风波》的冲突呈现和原因探讨,了解到负性情绪下的言行不能支持、鼓励孩子,反而使考试失去了诊断的价值;通过"考试后最不喜欢的话及感受",以及"期待对方的反应"的表达,学习一起通过讨论分析来解决问题,而不是指手画脚;最后,通过"亲子画脚印"的活动,感悟到孩子正在长大,更有效的陪伴是站在背后的支持。

在孩子的生命成长中,父母始终具有重要的影响力。儿童时期,在孩子的学习和生活中,及时给予肯定,基于每个人的不同鼓励孩子接纳自己;碰到问题时,和孩子一起去面对,协助孩子积极地解决问题,都能够帮助孩子形成勤奋感和对自己力量与能力的信任感。青春期,是孩子从儿童世界走向成人世界、从父母手里"夺权"的时期,这时候,父母就要基于孩子的需要,用更平和、对等的方式来陪伴和支持。

陪伴,就是需要你的时候,你一直都在!学会陪伴系列四节课,帮助父母基于成长规律的解读,更有效地支持孩子,成为孩子生命中最坚实的后盾!

小学低段 爱我，你就夸夸我

设计者：郎 萍　殷　婷
指导者：蔡迎春　何咏梅

学情分析

　　幼儿园与小学有很大的不同，进入小学后，孩子们遇到了很多困难。当孩子遇到困难的时候，一些家长能够陪着孩子一起寻找解决问题的办法，还有一些家长却常常批评、否定、责怪孩子。这让孩子对自己产生了疑惑甚至否定。一年级孩子对自我的认知主要来自他人的评价。得到鼓励与肯定有助于孩子更好地接纳自己，有更多的发展动力。

　　本课关注孩子优点的发现，通过绘本阅读、感受分享、小组讨论等形式，让家长感受到父母的肯定在孩子的生命成长中有重要价值，学习从不同方面发现孩子的优点，接纳并欣赏孩子的独特性。让孩子感受到每个人都是有优点的，能够从不同的方面发现自己的优点。

活动对象

　　一年级学生及家长。

活动目标

目标	家长层面	学生层面
知识层面	了解到每个孩子都有自己的优点，父母的肯定在孩子生命成长中有重要价值。	了解到每个人都是有优点的。
能力层面	能够从不同方面发现孩子的优点。	能够从不同方面发现自己的优点。
态度层面	接纳并欣赏孩子的独特性。	感受到被父母肯定的喜悦，更好地接纳自己。

活动时间

一年级第二学期期中考试后。

活动准备

（1）座位安排：全班分为6组，每组3—4个家庭。

（2）视听媒体：纯音乐《土耳其进行曲》，歌曲《爱我，你就抱抱我》，纯音乐《春野》。

（3）照片收集：教师收集本学期孩子在学校学习与生活中呈现积极状态的照片，每人选取1张，配以文字，用PPT制作成相册《榜上有名》。

（4）材料准备：1张白底黑点图，每个家庭1张座位表、1朵夸奖花、1支笔。

（5）绘本处理：从绘本《我的优点是什么》①中截取四个片段，分别为"找不到优点的小爱""找到优点真开心""找到优点乐助人""善于寻找优点的朵朵"。

活动过程

一、美妙体验：被人肯定真开心

（一）家长感受被夸奖

1. 找座位活动

在教室外，教师给每位家长发一张座位安排表，要求家长在两分钟之内带着孩子找到相应的位置。（背景音乐：《土耳其进行曲》）

2. 孩子表扬家长

完成任务后，请孩子用一句话表扬一下家长。

3. 家长分享感受

提问家长：得到表扬，有什么感受？

---

① 楠茂宣，古姓瑶子. 我的优点是什么 [M]. 徐超，译. 武汉：湖北教育出版社，2013.

在欢快的音乐声中，家长们在 1 分 30 秒内完成了任务。看到自己的爸爸妈妈那么能干，有的孩子竖起了大拇指；有的孩子说"真厉害"；有的孩子抱着妈妈说"妈妈好棒"。

采访家长得到表扬的感受，他们纷纷表示很高兴，很开心。在欢快的氛围中，家长们感受到：原来得到表扬是这么令人开心的事！

（二）孩子感受被夸奖

1. 荣誉榜

呈现相册《榜上有名》，教师从听课状态、作业完成情况、个人自理、与同学交往等多方面肯定孩子的表现。确保每一位参与活动的孩子都受到表扬。

2. 孩子分享感受

提问孩子：听到表扬，你的心情是怎样的？

教师请三个孩子分享感受，他们都表示很开心，其中一个孩子说："在听到自己名字的那一刻，能感觉到自己的心在扑通扑通地跳。"听了孩子们的分享，家长们感受到："原来，得到表扬，孩子和我们的感觉是一样的，也是那么开心！"

过渡：我们每个人内心都希望得到别人的肯定。得到表扬，大人很开心，孩子也不例外。可是，有一个孩子却很彷徨，我们一起来看一看。

> 设计意图：通过找座位的活动，让家长感受被夸奖的心情。通过相册《榜上有名》的呈现，让家长了解到每个孩子都有值得肯定的地方，每个人内心都希望得到别人的认可，感受到夸奖的重要性。

二、绘本故事：不被肯定很难受

（一）阅读绘本片段"找不到优点的小爱"

绘本内容：绘本的主人公是一个叫小爱的小女孩。最近，她常常在想：我的优点是什么？我好像一个优点都没有。个子矮，力气小，跑步慢吞吞，连说话的声音也小，100分，我从来都没得过。放学回家的路上，她问好朋友朵朵，为什么自己一个优点都没有。朵朵马上否认了小爱的想法。但是，朵朵想了半天也没有说出一个优点，最后她和小爱说，明天告诉她，就跑回了家。小爱好难过："看来，我果然一个优点都没有！"想着想着，她的眼泪就快掉下来了。①

提问孩子：你觉得小爱的心情是怎样的？

提问家长：小爱真的一个优点也没有吗？

孩子们都觉得小爱现在是很难过的，因为她找不到自己的优点。有一个女生说："小爱会觉得自己很没用。"家长们认为小爱肯定是有优点的。有一位妈妈说："每个人都有优点，如果说没有，只是他自己没有找到而已。"这时，教师追问："为什么小爱找不到自己的优点呢？"提出问题后，教室里有半分钟的沉默，家长们思考得很认真。一位妈妈认为："可能平时家里表扬得太少了。"另一位妈妈红着眼圈说："可能平时受到的批评太多了，以至于孩子连自己的一个优点都找不到。"

（二）呈现白底黑点图，探究原因

操作方式：教师呈现一张白底黑点图，请家长和孩子仔细观察，看到了什么？

孩子们七嘴八舌地表示看到了黑点。教师跟进追问："是不是只有黑点？"家长们若有所思，一个孩子手举得很高，说："还有白色的部分。"教师及时肯定："真棒，你还能关注到白色的部分。其实，我们发现，除了黑点之外，更多的是白色的部分。"教师再次追问："白色部分那么多，但是，为什么我们没有发现呢？"这时，教室里又陷入了沉默，家长们静静地思考。一位爸爸站起来说："可能平时我们老是关注孩子的缺点、不足，反而忽略了孩子身上更多的白色的部分，忽略了他们更多的优点。"

过渡：原来，关注的点不同，得到的结论也不相同。这张纸上有黑色的部分，也有更多的白色的部分。就像我们有缺点，也会有优点。那大家关注的是什么呢？能够关注到白色的部分吗？能够关注到优点吗？接下来，让我们一起来寻找生命中的白。

---

① 楠茂宣，古姓瑶子．我的优点是什么 [M]．徐超，译．武汉：湖北教育出版社，2013．

> 设计意图：通过呈现小爱的故事，让家长和孩子感受到当孩子找不到优点、得不到肯定时难过的心情，从而进一步感悟夸奖的重要性。通过呈现白底黑点图，让家长认识到很多时候我们常常因为太在意孩子的缺点，反而忽视了孩子的优点。

三、寻找生命中的白：找到优点夸一夸

（一）夸一夸孩子的优点

1. 孩子夸自己

提问孩子：你能找到自己的优点吗？你的优点是什么？

2. 家长夸孩子

提问家长：您的孩子的优点是什么？

第一个举手的孩子说，她的优点是很有爱心，养了一只小狗狗。另一个孩子说，他的优点是跑步快。还有的孩子表示自己的优点是跳绳跳得快，而且很会坚持。发言的几个孩子从不同的维度夸奖了自己。

在家长夸孩子环节，鼓励家长也从不同方面夸孩子。有家长说，自己的孩子很有爱心，懂得与别人分享，很有感恩的心。有妈妈说，孩子很听话、很勤劳，在双休日会帮妈妈拖地板、擦桌子。还有妈妈夸奖孩子会陪妹妹玩，会喂妹妹吃饭，已经很懂事了。从不同维度夸奖孩子，为接下来介绍多元智能理论，为家长提供多维度评价孩子的思路做好了铺垫。

（二）写一写孩子的优点

1. 分享多元智能理论

美国著名心理学家加德纳在他的"多元智能理论"中提出：我们每个人身上都有语言、逻辑—数学、视觉—空间、身体—动觉、音乐—节奏、人际交往、自我认识、自然观察、存在等九种不同方面的智能。每个人在这九个方面所呈

现出的优势是不同的，比如建筑师、画家的视觉—空间智能比较强，作家、演说家的语言智能比较强。

2. 亲子合作写一写

操作方式：结合多元智能理论，请爸爸妈妈想一想孩子的优点是什么，把它写在"夸奖花"上。孩子们仔细观察，可以补充爸爸妈妈没有写到的优点。（背景音乐：《春野》）

《爱我，你就夸夸我》素材

3. 小组分享与讨论

把"夸奖花"放在小组中间，看一看"夸奖花"上的内容。

提问孩子：每一朵"夸奖花"上的内容一样吗？

提问家长：有没有一个孩子九个方面都很强的？

多元智能理论的引入，为家长寻找孩子的优点，提供了更多的角度。可以从九个方面去思考，孩子的优点到底在哪里。在小组分享环节，亲子发现"夸奖花"上的内容各不相同。有家长说，这是因为每个孩子都是不一样的，所以优点也不相同；有家长认为每个孩子都各有优点，不需要也不可能每个方面都很强。人无完人，大人也做不到每个方面都厉害。

过渡：通过刚刚的活动，我们发现，没有一个孩子各个方面都很强，但是，每个孩子都有自己擅长的地方。爸爸妈妈可以和孩子一起从不同的方面去发现优点。而当孩子找到优点的时候，他会有怎样的感觉呢？又会怎么做呢？让我们继续阅读小爱的故事。

> **设计意图**：通过孩子夸自己、家长夸孩子，让家长和孩子了解到原来可以从不同的方面发现优点。在多元智能理论的引领下，让家长和孩子学会从不同的方面来发现优点，并通过交流、讨论，感受到每个人都有各自擅长与不擅长的方面，不可能在每个方面都很出色，从而学习接纳各自的独特性。

四、绘本梳理：爱我，你就夸夸我

（一）阅读绘本片段"找到优点真开心"

绘本内容：第二天早上，朵朵跑过来，紧紧地握着小爱的手，告诉小爱，找到她的优点了！"你瞧，你的手特别暖和。前几天手拉手的时候，我就想，你的手大概是全班最暖和的手。"小爱有点疑惑，手很暖和也是优点吗？朵朵坚定地回应"是呀"。其他同学也围了过来。有同学说，让他摸一下；有同学说，想要和小爱握手。同学们握过小爱的手后，都觉得很暖和。"我说的对吧？小爱的手最暖和了！"朵朵自豪的样子，就好像是在夸自己的手一样。小爱想："原来，手很暖和就是我的优点啊。"①

提问孩子：读完这段绘本，有什么感受要分享吗？

读完绘本，孩子们发现，原来手很暖和也可以成为一个优点。原来，我们可以从那么多方面去发现优点。而当我们发现自己的优点的时候，原来是那么开心。

（二）阅读绘本片段"找到优点乐助人"

绘本内容：那天，打扫完卫生后，刚洗过抹布的同学走到小爱身边，问小爱能否焐一下他的手。小爱同意了。其他同学也围了过来。于是，大家一个接一个的，把冻得冰凉的手放在小爱的手心里。最后，朵朵也走了过来，希望小爱给她暖暖手。小爱立刻紧紧地握住了朵朵的手，并询问是否暖和。可是，朵朵没有回答。追问之下，朵朵告诉小爱，她的手有点儿冷。"怎么办？我的优点没有了。"小爱松开了朵朵的手，眼泪一下子掉了出来。这时，朵朵再一次紧紧握住小爱的手："小爱，我发现了你更棒的优点。自己的手都已经不暖和了，还在拼命地给大家暖手。你能为别人着想，这才是最大的优点。"②

提问家长：读完这段绘本，有什么感受要分享吗？

---

① 楠茂宣，古姓瑶子. 我的优点是什么 [M]. 徐超，译. 武汉：湖北教育出版社，2013.
② 同①.

绘本读到这儿，家长们颇有感触。当小爱发现自己的手很暖和后，她就去为别人暖手，就去帮助别人。原来，当我们不断地鼓励、肯定孩子的时候，他会有更多的优点冒出来，他会成长得更好！

（三）阅读绘本片段"善于寻找优点的朵朵"

绘本内容：听了朵朵的话，小爱的心里暖和极了，眼泪又冒了出来。小爱觉得，朵朵一直在动脑筋帮她找优点，朵朵才是最为别人着想的人。她决定也要像朵朵一样，去帮助别的小朋友，找到自己的优点。她还要告诉很多很多的小朋友："你也是一个有优点的孩子！"[①]

提问孩子：想要朵朵这样的朋友吗？

提问家长：在朵朵身上，你学到了什么？

孩子们异口同声地喊想要朵朵这样的朋友。在朵朵的身上，家长也学到了很多。有位妈妈说："今后在生活中，要学朵朵，多动脑筋，帮助孩子寻找优点。"一位妈妈表示："今后要多支持、鼓励孩子，帮助她成长，让她发现自己身上更多的优点，形成良性循环。"

结语：绘本小爱的故事读完了，但孩子的故事刚刚开始。我想告诉各位家长，每个孩子都是有优点的。我们是孩子生命成长中具有重要影响力的人，我们的支持、鼓励、肯定，能帮助孩子找到自己的优点，能让他们变得更有力量。我也要告诉在座的每一个孩子：你们每一个人都是有优点的，请努力去发现吧！

最后，一首歌《爱我，你就抱抱我》送给大家。爸爸妈妈们，爱他，可以抱抱他；爱他，请记得夸夸他！

> 设计意图：通过续读小爱的绘本故事，梳理全课。让孩子再次感受到每个人都是有优点的，可以从不同的方面去寻找自己的优点。让家长进一步感悟到肯定、鼓励在孩子生命成长中的重要价值，我们可以从很多方面去发现孩子的优点，而常常被肯定、被认可的孩子往往发展得更好。

---

① 楠茂宣，古姓瑶子. 我的优点是什么 [M]. 徐超，译. 武汉：湖北教育出版社，2013.

小学中段 爱我，你就帮帮我

设计者：毕蓓蓓　高丽敏
指导者：蔡迎春

学情分析

三年级的孩子，自我意识和独立意识开始觉醒。他们充满热情，但常会犯些小错误。这是因为，在这个阶段，他们想尝试独立，但能力有限；他们想自主，但水平有限；想要求助，但羞于开口。这往往导致他们考虑问题不够深入，容易冲动，做事不计后果。

本课聚焦孩子犯错这个问题，通过对"改分数"事件的讨论，引导孩子要勇于面对错误，还要学会积极主动寻求父母的帮助。通过小组讨论和分享，引导家长正确看待孩子犯的错误，接纳孩子的错误，创设一个宽松平等的环境，和孩子共同面对出现的问题，帮助孩子一起解决。

活动对象

三年级学生及家长。

活动目标

目标	家长层面	学生层面
知识层面	了解到每个人在成长的过程中都会犯错。	了解到犯错并不可怕，重要的是要积极去面对。
能力层面	学会和孩子一起分析错误，使错误成为成长的助力。	能够承担错误，需要时积极主动地寻求父母的帮助。
态度层面	允许孩子犯错，感受到错误对于成长的积极意义。	正确对待错误，感受到父母是我们的依靠。

活动时间

三年级第二学期。

> **活动准备**

（1）座位安排：全班分6组，每组3—4个家庭。

（2）材料准备：用圆形便笺纸制作圆形缺口卡片"错误卡"，每人3张。每个小组1盒水彩笔、1张海报纸。

（3）绘本处理：绘本《我永远爱你》①截成四个片段，分别为"阿力犯错了""是不是我乖乖的，你才爱我""阿力爱妈妈""阿力的初衷"。

> **活动过程**

一、暖身活动：体验错误

（一）反口令游戏

操作方式：全体做出与教师口令词相反的动作。口令词：坐下、向右转、抬头、举右手、向后转、向前走、举双手、向左转、抬头看、向左转、不跺脚。口令词从易到难，速度逐渐加快。

公布游戏规则的时候，大家都觉得很简单。特别是家长，都信心满满地表示："没问题！"确实，前面几个口令大家动作的准确率还挺高的。后来，随着速度的加快，就有很多人出错。

（二）分享感受

提问亲子：刚才游戏中错了几次？为什么会错？

在游戏中，反应又快又准确的人比较少。现场大多数人都错了2—3次。问其原因，有的说是没听清楚词，有的说是一时没反应过来。有位家长说："游戏看起来很简单，但是做起来却不一定，可能会因为各种各样的问题出错。"

过渡：刚才我看到孩子和家长一起专心听指令，认真做动作，都想把动作做对。可是尽管如此，可能还是会不小心犯错。无论大人还是小孩，生活中都难免会犯错。

---

① 刘易斯，艾夫斯. 我永远爱你[M]. 外研童书，译. 北京：外语教学与研究出版社，2018.

> 设计意图：通过反口令游戏，帮助亲子双方特别是家长感受到，有时尽管我们不想犯错，但还是免不了失误，生活中的我们亦是如此。

二、话题聚焦：哎呀！犯错了！

（一）盘点错误

1. 呈现绘本片段"阿力犯错了"

绘本内容：阿力是绘本《我永远爱你》中的主人公小熊。阿力去拿盛蜂蜜的碗。可是，意外总是会不小心发生。阿力把妈妈最喜欢的碗摔成了九块碎瓷片。[1]

提问亲子：你在成长过程中有没有当过"熊孩子"，犯过错？

2. 我们也会犯错

操作方式：亲子各自独立完成任务，家长的任务是"回忆孩提时期犯的3个错误"，孩子的任务是"回想最近犯的3个错误"，并分别记录在3张"错误卡"上。注意：3个错误必须是具体的事件，在活动中亲子互不交流，独立完成。

看到阿力这只可爱的熊，大家都笑了。绘本中可爱的形象传递着孩子的天真和温暖。当问及有没有当过"熊孩子"时，大家都使劲点头。接着，大家一起静静地回想自己当"熊孩子"时犯的错，写在"错误卡"上。孩子们和家长们犯的错五花八门，现在想起来还十分有趣。

（二）分享错误

操作方式：先亲子一一对应，交换各自的"错误卡"，并与对方具体分享自己的这3个错误。然后，全班分享交流。

当老师要求亲子交换错误的时候，课堂上一下子热闹起来。他们的态度是认真的，表情是欢乐的，尤其是孩子们，听到父母犯错时笑逐颜开。

---

[1] 刘易斯，艾夫斯. 我永远爱你 [M]. 外研童书，译. 北京：外语教学与研究出版社，2018.

全班分享时，邀请亲子一方来说说对方曾经犯的错。家长们在分享孩子们的错误时滔滔不绝，有的家长甚至没有按照孩子们的"错误卡"来分享，直指经常发生的生活小事。例如，作业、红领巾忘记带了；刷完牙还偷吃糖；喝水的时候，一不小心把水杯打翻了；和弟弟抢被子，一不小心把被子撕破了……。看起来，孩子们在生活中小错不断。

轮到孩子们来分享家长曾犯的错误时，每个孩子都把手举得高高的，都想发言！每说出父母的一个错，孩子们就哈哈大笑。例如，有的说，老爸小的时候在院子里玩飞镖，不小心射死了自己家养的母鸡！如此带有画面感的错误，让大家捧腹大笑。还有的说，盛饭的时候，不小心把碗给砸了；踢球的时候，不小心把别人踢疼了；不小心把妈妈的项链弄丢了……。原来，爸爸妈妈也曾是"熊孩子"！

可是，当问及孩子们自己的错误时，现场就没有人举手。老师问了个问题：对待别人的错误和自己的错误，态度怎么完全不一样呢？这时，就有孩子举手了，他站起来说："因为我们犯了错，会被责骂，还可能挨打，反正后果很严重很严重。"现场很多孩子都很认同地点点头。

过渡：在我们每个人的成长过程中，都曾经犯过各种各样的错误。小孩会犯错，大人也会犯错。错误有的时候真的会让我们很头疼。那么"熊孩子"犯错了，我们到底应该怎么办呢？下面，让我们一起来看看"熊孩子"小明的故事。

> **设计意图：** 通过绘本片段"阿力犯错了"的分享，引发亲子双方，特别是家长回顾自己曾经犯过的错误；通过"错误卡"的交换与分享，帮助家长明白每个孩子在成长的过程中都会犯错，帮助孩子感受到犯错并不可怕，爸爸妈妈也曾经和我们一样。

三、探讨分析：犯错了怎么办

（一）犯错的现实应对

1. 角色扮演，续写故事

故事内容：小明虽然成绩平平，却是妈妈心目中诚实的好孩子。这次数学测验考了 75 分，小明心里受到了一万点打击！下午，老师逐个检查订正试卷，发现了小明把分数改成了 85 分，于是在分数旁边打了三个问号发回给小明，想看看小明的反应。老师打电话给小明妈妈，告诉她小明改分数这件事。希望小明妈妈能够来学校一趟，顺便交流一下孩子最近的情况。

操作方式：全班 6 个小组，进行角色扮演。其中 3 个小组的身份是小明，写一写你看到三个问号的感受，以及回家见到妈妈的反应（态度或做法）。3 个小组的身份是妈妈，写一写你见到老师的反应和回家见到孩子的反应（态度或做法）。请每个小组选一名家长将小组意见记录在海报上。

2. 分享交流，聚焦应对

操作方式：每个小组派一个代表分享。"妈妈"组分享海报时，追问现场的孩子：妈妈这样的反应，你感觉怎样？你比较喜欢妈妈的哪种做法？"小明"组分享海报时，追问现场的家长：小明这种做法，你的感觉怎么样？你觉得孩子犯错，最有效和最无效的做法是什么？

《爱我，你就帮帮我》素材

角色扮演让家长和孩子们完全投入情境中，思考各自的想法和感受。"妈妈"组写的是：妈妈会非常难为情地去见老师，会生气，甚至愤怒，同样也会伤心。"妈妈"们都提到，因为被老师叫去学校，妈妈会很没面子，也会对自己的孩子很失望，所以回到家会发火。一组妈妈生气地拍桌子批评小明；一组妈妈动手打了小明一巴掌；还有一组妈妈确认孩子改分数的事实后，很惊讶，开始反思小明一直以来很诚实，是不是自己对小明的要求太严格了，于是给小明讲了《皇帝的新装》这个故事，并教育小明"诚实比分数更重要"。

听了"妈妈"组的发言，追问现场孩子们的感受，他们说，第二组的小明好可怜，妈妈动不动就打小明巴掌，他肯定经常被打。特别喜欢第三组妈妈的做法，其实改分数也是想让妈妈开心。小明犯了这个错误，妈妈没有骂人，还好声好气地和小明讲故事讲道理。这样的做法，让孩子不会感觉害怕，同时会努力克服缺点，不然会感觉对不起妈妈。但是孩子们又说，第三组妈妈还是比较少的。像第一组妈妈的做法，孩子们也是能够接受的。毕竟小明做错了，做错事情被大人骂，也是理解的，但是希望妈妈能够适可而止。现场响起了掌声。这样的分析，孩子们表示认同，家长们若有所思。

三个"小明"组都不约而同地写道：看到试卷上的问号，小明会脸红、紧张、会担心、害怕，还会后悔。有两组直接对小明犯错后的心理活动进行了描写："唉，我怎么做这么蠢的事！这下完了！""完蛋了，回家一定会被妈妈骂死，甚至打死！""完蛋"这个词是各个小组出现频率最高的一个词。有位爸爸发言的时候，带着表情与动作，现场演绎了小明犯错后的各种纠结与不安：回到家面对妈妈时，多么想向妈妈认错，可是心里一万遍认错的话到嘴边又不敢说，很无助，就等着暴风雨来临。

当追问这位爸爸的感受时，他说："如果我知道他这么不安和无助，我一定不会打他或者骂他，说到底孩子改分数也是要表现好的方面给我们看。对孩子犯的错，很多时候我们反应太快，还没来得及去想，就先骂一顿再说。这是最不好的做法。"听到这个，很多家长非常认同地点点头。说到最好的做法，有位妈妈说："我可能就是容易生气的妈妈，骂孩子比较多，可是有时不但没用，而且伤感情。遇到孩子犯错先去想想孩子为什么这么做，哪里做错了，然后再和孩子讲道理，可能这样孩子更听得进去。简单粗暴的教育方式不利于孩子改正错误。因为孩子担心的是被爸妈打，而不是反思错误本身。"

（二）爱的力量

1. 呈现绘本片段"是不是我乖乖的，你才爱我"

绘本内容：正在做早操的妈妈听到了有东西摔碎的声音，来询问阿力。阿力开始试探："妈妈，是不是只有我乖乖的，你才爱我呀？"妈妈说："我永远爱你。"阿力接着用许多奇奇怪怪的问题继续试探：那如果做了坏事呢？如果与乔乔用枕头打仗，弄得羽毛乱飞呢？如果用颜料把妹妹身上弄得五颜六色呢？

如果忘记关冰箱门呢？如果把姥姥做的麦片扣在头上呢？妈妈的回应始终是，"我永远爱你"，不过阿力要自己承担这些事情可能带来的后果。阿力这才有勇气把真相告诉了妈妈，当然得到的回应依然是，"我永远爱你"。①

2. 分享感受

提问孩子：如果你是阿力的妈妈，你会怎么回答阿力？

提问家长：阿力这样问的时候，心情怎么样？为什么要这样问？

在阅读绘本的过程中，每当阿力问妈妈一个问题，老师就现场邀请家长或者孩子作为阿力妈妈回答一下。家长们的答案，和阿力妈妈一样。"我爱你，宝贝！"这句话是现场家长回答最多的。而问及孩子，如果你是阿力的妈妈，你会怎么回答？孩子们的答案就五花八门。例如，"你做了什么坏事？""你是不是有什么事情瞒着我？"等等。这些答案没有直接解答阿力"你还爱我吗"的问题，而是马上揣测孩子做了什么事情。孩子给出的反应是家庭生活的缩影，值得我们深思。

当问及"阿力这样问的时候心情怎么样"，家长们感受到孩子的各种担心、忐忑和害怕。有的家长说，有可能阿力妈妈平时对阿力犯的各种错误反应很大，处罚太重，导致孩子很担心被妈妈重罚；也有的家长说，有可能阿力认识到这个碗对妈妈的意义，知道这个错误比较大，所以不确定妈妈有什么反应。有位妈妈站起来说："我的爸爸妈妈从小对我的教育都很宽松，从来都不骂我。但是印象中我小时候几次犯错，也是十分担心和害怕。所以我觉得，每个孩子犯错后的心情都是很忐忑的。这个时候如果家长再疾言厉色的，会让孩子更加紧张。只有像阿力妈妈这样回答，才能让孩子们觉得这只是个错误，错了可以改，可以吸取教训，下次避免。"现场响起掌声，有位妈妈边鼓掌边说："我们应该向阿力妈妈学习。"

"向阿力妈妈学习？学习什么呢？"老师顺势追问了下这位妈妈。她说："学习她很耐心地回答孩子的问题，学习她很肯定地告诉孩子'爸爸妈妈永远爱你，无论你乖不乖'。有了爸爸妈妈爱的支持，犯错后，孩子反而更能承担责任，也会愿意跟我们求助。"

过渡：孩子们，我知道你们犯错时心情会很忐忑。但是，爸爸妈妈其实也

---

① 刘易斯，艾夫斯. 我永远爱你[M]. 外研童书，译. 北京：外语教学与研究出版社，2018.

和阿力妈妈一样，无论你们乖不乖，爸爸妈妈永远爱你们！你们要做的是承担错误，并积极主动地寻求父母的帮助。爸爸妈妈，孩子犯错时，应对的方式很重要，态度也很重要。父母对孩子的爱，是没有任何条件的。我们不会因为孩子犯了错，就少爱他一点点。无条件的爱，会让我们在孩子犯错的时候，更包容孩子，也能帮助自己更好地控制情绪，理性引导。那么阿力妈妈这样的回应，带来了什么呢？

> 设计意图：通过小明改分数的案例讨论，帮助孩子表达对犯错后父母不同应对的感受，帮助家长思考现实中应对的有效性；通过分享绘本片段"是不是我乖乖的，你才爱我"，帮助家长理解孩子犯错后的心情，帮助孩子们感受到父母无条件的爱，在犯错后愿意寻求父母的帮助。

四、感悟梳理：错误中成长

（一）爱的回应

1. 呈现绘本片段"阿力爱妈妈"

绘本内容：阿力拉着妈妈，来到"案发"现场。妈妈的反应当然是很惊讶很心疼。阿力哭着向妈妈道歉，并且重复妈妈说过很多遍的"你会永远爱我的"。看到阿力担心的表情，妈妈紧紧搂住阿力。这时，阿力想了一个好办法！他东翻西找，终于找到想要的东西。他拿出颜料，挥起画笔，画了一个新碗送给妈妈。这个碗的名字叫"阿力爱妈妈"。他还提醒妈妈，小心上面未干的颜料。妈妈说，现在这是我最喜欢的碗了！①

提问亲子：你有什么感悟？

2. 呈现绘本片段"阿力的初衷"

绘本内容：阿力去厨房拿碗的原因是，他一早起来想要给妈妈做早饭。想象着妈妈吃着他烤的蜂蜜面包，阿力高兴极了。②

---

① 刘易斯, 艾夫斯. 我永远爱你 [M]. 外研童书, 译. 北京：外语教学与研究出版社, 2018.
② 同①.

提问家长：孩子的初衷是什么？你有什么感受？

看完绘本片段"阿力爱妈妈"，老师让大家谈谈感受。孩子们说，阿力知错能改，为妈妈画了一个新的碗，妈妈一定很高兴。阿力很爱惜这个碗，妈妈拿的时候还让她小心点。以后阿力拿碗的时候肯定会很小心！家长们说，阿力妈妈知道她最心爱的碗被阿力打碎后，她的反应没有让孩子害怕，她的教育是成功的。阿力在确认无论他乖不乖，妈妈都爱他以后，他也用自己的方式来弥补过失，妈妈的爱得到了孩子的回应！有位妈妈说："毕竟是亲生的，平时要多控制自己的情绪。"这个真实的表达引起了家长们的共鸣。有位爸爸说："在教育中，要让孩子知道父母无条件地爱他，同时要让他知道为自己的错误承担责任，这是做父母需要一直学习的地方。"

我们再回过头来看"阿力的初衷"时，得知原来阿力拿碗是为了给妈妈做早餐。看到这里，我们全场都庆幸，还好阿力妈妈没有很严厉地惩罚阿力，不然肯定会后悔。很多时候，"熊孩子"会犯错，但他的初衷是美好的。可是成人往往只看到了犯错的结果，而忽略了孩子做这件事情的初衷。幸好阿力妈妈是这么处理的，不然就辜负了孩子这么美好的初衷。有位家长说："面对孩子犯错，我们需要了解具体情况，了解孩子的感受，在此基础上再去看这个错误，可能会有新的领悟。"

（二）错误的力量

操作方式：请家长和孩子将手中的"错误卡"拼成一朵很美的花。亲子双方一起分析错误，最后在中间的空白圈圈中写下一句话。请1—2对亲子进行课堂分享。

家长和孩子一起动手做起了花，是大家看到有缺口的"错误卡"拼在一起变成一朵美丽的花，心中荡漾着感动和温情。其实孩子的成长不就是这样吗？有位家长说："平时生活中我们只看到孩子的错误，却忘了自己小时候也会犯错，哪怕现在也经常犯错。以后孩子犯错的时候，要多听多问多想，不要随意发脾气。"有个孩子说："犯错很正常，爸爸妈妈生气了也正常，以后碰到问题，犯了错误，要好好和爸爸妈妈说，不要赌气任性。"有位家长说："所有的错误都有其成长的意义。我们每个人都是不完美的，但是我们所有的家长也愿意不断学习,学着让孩子感受到我们对他们无条件的爱,同时,也让他们吸取错误的教训,让错误成为成长的助力。"

结语:看似有缺口的纸,却能够拼成一朵这么美丽的花。看似错误和问题,背后却隐含着成长和教育的契机。阿力妈妈在阿力打破她最心爱的碗后给出的回应,给了阿力爱的力量,让他积极面对错误,努力弥补自己的过失。

爸爸妈妈,每个孩子在学习、生活中都可能出现各种各样的问题。孩子正是在解决问题的过程中不断成长。接纳错误,允许孩子犯错,父母的爱和包容正是帮助孩子勇于承担错误的力量。让错误成为孩子成长的助力!

孩子们,我们每个人都会犯错,爸爸妈妈也会。出现错误并不可怕,只要我们积极面对,不断改正,就能不断进步!记得无论你乖不乖,爸爸妈妈都永远爱你!需要的时候,要告诉爸爸妈妈:"爸爸妈妈,请帮帮我!"

> **设计意图**:通过分享绘本片段"阿力爱妈妈"和"阿力的初衷",帮助家长感悟到,对孩子犯错的包容,反而会促使孩子更积极地面对错误;通过有缺口的"错误卡"到美丽花朵的制作,让亲子双方一起分析错误,并感受到错误对于成长的积极意义。

小学高段 爱我，你就陪陪我

设计者：冯　丹
指导者：蔡迎春

学情分析

小学高段的孩子开始陆续进入青春期，自我意识和独立意识随之迅速发展，对人、事、物有了自己的思考和评价，他们对父母的要求不再一味顺从。但同时，高段的孩子也面临许多挑战，如情绪波动、人际交往复杂化、学业任务与难度增加、考试升学压力等，他们既渴望摆脱父母的管束，又期待得到父母的帮助和支持。

本课聚焦孩子的陪伴需求，通过照片故事、视频分享、海报对话等形式，让孩子学着表达自己对于父母陪伴方式的需求，同时了解父母也需要时间学习如何更好地和子女相处；让父母感受到随着孩子慢慢长大，要学会根据孩子的需求有效陪伴，而不仅仅是陪同。

活动对象

五年级学生及家长。

活动目标

目标	家长层面	学生层面
知识层面	了解到随着孩子慢慢长大，更需要亲子间的心灵交流，而不只是在一起。	了解到随着我们慢慢长大，父母也需要时间学习如何更好地和我们相处。
能力层面	学会根据孩子的需求，有效陪伴孩子。	学会表达自己对父母陪伴方式的需求。
态度层面	感受到基于彼此需要的陪伴带来的愉悦。	感受到基于彼此需要的陪伴带来的愉悦。

活动时间

五年级第二学期。

活动准备

（1）座位安排：孩子和家长各3组，每组6—8人，孩子组与家长组一一对应。

（2）视听媒体：剪辑视频《你快成手机的爸爸了》，纯音乐《遇见》《父亲》。

（3）照片收集：收集孩子幼时的亲子照片，配上文字，制作成电子相册《我们小时候》，文字具体内容包括：什么时候，和爸爸妈妈一起做了什么，有什么感受或收获。

（4）材料准备：每组1支黑色记号笔、1张A4纸、1张海报纸；孩子组每组至少100个"点赞贴"，家长组每组至少100个"OK贴"。

（5）文本处理：《爸爸妈妈，再不陪我我就长大了》。

活动过程

一、重温爱：回忆曾经的陪伴

（一）照片故事《我们小时候》

请3—4个孩子分享幼时照片，说说照片故事。故事内容：什么时候，和爸爸妈妈一起做了什么，你的感受或收获是什么。（背景音乐：《遇见》）

孩子在描述照片故事时比较有画面感，爸爸妈妈们一下子回到了故事中的场景，现场气氛温馨。照片里有和爸爸妈妈一起去旅行的，有和爸爸妈妈一起去公园的，也有和爸爸妈妈一起看书的，还有和爸爸妈妈一起过生日的。孩子们说得最多的是很开心和爸爸妈妈一起出去玩。

（二）分享感受

提问家长：听了孩子的照片故事及感受，你有什么想说的吗？

爸爸妈妈听到孩子的照片故事后情绪都很高涨,有很多话想说。有一位妈妈说:"看到照片就想起了孩子小时候的很多事情,特别是照片上的这一次,因为很长时间没有带孩子一起出去玩,那一天去爬山,孩子似乎特别开心,看着他又蹦又跳的,我们也很开心。"

过渡:听了照片故事,我们都感受到了当时一家人在一起的温馨和快乐。但不知不觉,孩子慢慢长大,在与父母的相处中,也有了很多不同的感受,让我们一起来听一听!

设计意图:通过述说照片故事的方式,亲子一起重温孩子幼时与爸爸妈妈在一起的幸福时光,营造温馨的气氛,引出亲子陪伴的话题。

二、叩问爱:需要当下的陪伴

(一)呈现视频《你快成手机的爸爸了》

视频内容:三个孩子的内心告白。第一个孩子和爸爸妈妈一起吃早饭,但是父母都忙着打电话、看手机。孩子觉得爸妈是两只"加班狗",只有保姆林阿姨在乎自己的生日。第二个孩子和爷爷生活,父母在城里打工。原本今天爸妈从城里面赶回来给自己过生日,却因加班回不来了,孩子觉得很失望、很伤心。第三个孩子希望爸爸和自己玩一会儿,但只看见爸爸不停地玩手机,觉得爸爸快不是自己的爸爸了,而是手机的爸爸了。[1]

视频展现了三个家庭爸爸妈妈和孩子的生活场景,有的孩子希望父母陪陪自己,有的孩子希望父母不仅在身边而且能多关注自己,多陪自己玩,表达了孩子内心对于父母陪伴的需求。视频中的场景也引起了在场家长和孩子的共鸣。

---

[1] 该视频根据中国儿童少年基金会出品的《爱我,你就陪陪我》和海南综合电视频道播出的新闻《小学生作文引共鸣,你快是手机的爸爸了》剪辑合成。

（二）全班探讨

提问孩子：看完这段视频，你觉得视频中的孩子是怎样的心情？你有类似的感受吗？

提问家长：看完这段视频，听了孩子们的分享，你有什么感受吗？

看完视频后，孩子们都能感受到视频中孩子的伤心难过。当问到类似感受时，有几个孩子伤心地诉说父母或没时间陪自己，或陪着自己的时候也不是很专心，在玩手机等。从孩子们的话语中能感受到他们多么希望有父母的陪伴，在陪伴方式上也不仅仅是陪同，而是能够专注地倾听与理解。

孩子们真实的表达也触动了家长的心。有的家长表示心里挺难受的，平时工作比较忙，的确忽略了孩子的感受。有的家长则表示平时虽然陪着孩子，但是不知道自己的行为会带给孩子这样的感受。

过渡：孩子们说出了心声，对父母发出了爱的呼唤。亲爱的爸爸妈妈，你们听到了吗？相信，爸爸妈妈都是很爱孩子的，都想要陪伴着孩子健康成长。接下来，让我们一起来讨论孩子"想要的陪伴"！

> 设计意图：通过视频《你快成手机的爸爸了》，引出生活中父母因为工作忙或"手机控"等原因忽视对孩子的陪伴，让孩子表达对于父母陪伴的需求，也让父母听到孩子的感受，引发父母对于陪伴的思考。

三、诉说爱：探讨有效的陪伴

（一）小组海报讨论：我想要的陪伴

1. 孩子组讨论

话题1：我希望爸爸妈妈陪我……

话题2：做作业时，我希望爸爸妈妈可以……

话题3：考试考砸了，我希望爸爸妈妈可以……

话题4：当遇到困惑时，我希望爸爸妈妈可以……

《爱我，你就陪陪我》素材

孩子组共 3 组，话题 1 每组都要讨论，话题 2、3、4 每组择一进行讨论。讨论结果记录在海报纸上。

2. 家长组讨论

话题 1：我可以陪孩子……

话题 2：当孩子做作业时，我可以……

话题 3：当孩子考试考砸了，我可以……

话题 4：当孩子遇到困惑时，我可以……

家长组共 3 组，话题 1 每组都要讨论，话题 2、3、4 每组择一进行讨论。讨论结果记录在海报纸上。

孩子们七嘴八舌地提出自己的想法，一边说一边记下来。特别是讨论做作业和考试考砸了两个主题的小组，孩子们有很多很多话要说。父母这边也渐渐进入状态，有的家长积极承担记录的任务，有的鼓励其他家长，让每个人都说出自己的想法。在做作业这个问题上，家长也有很大的感触，不仅说出了很多困惑，而且分享了不少自己在这方面的成功经验。现场讨论的氛围浓厚，亲子沟通班会课给了孩子和家长一个思考与表达的平台，让他们跨出有效沟通的第一步。

（二）全班分享：为好陪伴点赞

分别请家长代表和孩子代表分享，并进行家长组和孩子组的互动。

1. 爸爸妈妈，我为你点赞

操作方式：请家长组派代表分享小组记录的海报内容。然后，针对家长组提出的在陪伴中可以采取的态度与行为，请孩子们说说自己认可的方式，并在相应条目上贴上"点赞贴"。

2. 孩子，我为你努力

操作方式：请孩子组派代表分享小组记录的海报内容。然后，针对孩子组提出的对父母陪伴方式的期望，请父母说说自己能做到或通过努力可以做到的，并在相应条目上贴上"OK 贴"。

3. 发现差异：请给我想要的

操作方式：请各小组派代表统计海报中每一个内容收到的"点赞数"和

"OK 数"，由多到少进行排名。然后，仔细分析，从排名中发现了什么，有什么想说的。

在父母分享环节，父母提出"我可以陪孩子做作业，去图书馆，也可以陪孩子去运动以及休闲娱乐；当孩子做作业时，我可以陪在他身边，孩子遇到不懂的问题，和他一起商量解决的方法；当孩子考试考砸了，我可以和他一起寻找失败的原因，也可以建议孩子准备一个错题本，买一些学习资料给他；当孩子遇到困惑时，我可以鼓励孩子自己先想想方法，但当孩子需要时爸爸妈妈一直都在身边"。

在孩子分享环节，孩子们提出"希望爸爸妈妈可以多陪陪我们，可以是陪我们玩儿，也可以陪我们去旅行，总之我们希望爸爸妈妈陪我们去想去的地方、做想做的事，多和我们交流；做作业时，希望爸爸妈妈可以专心陪在身边，不玩手机，辅导我们解决难题，也希望他们可以多给我们一些时间，不要经常催促我们或打扰我们，更不要制造一些噪音；考试考砸了，希望爸爸妈妈不要骂我们，多给予体谅、安慰和鼓励；遇到困惑时，希望爸爸妈妈可以多听听我们的烦恼，和我们一起解决问题"。

在父母和孩子的互动环节，爸爸妈妈收到来自孩子们的"点赞贴"，其中陪孩子玩、和孩子一起寻找失败的原因等获孩子点赞较多；孩子们也收到了来自爸爸妈妈的"OK 贴"，其中专心陪伴不玩手机、辅导作业等孩子的需求，爸爸妈妈表示会努力做到。

从排名中可以看出，家长组的陪伴内容与方式多关注在学习上，而孩子组的陪伴需求多关注在"玩"和平等对话上，这也许就是孩子一直以来经常说的"你给的并不是我想要的"。家长在看到排名后也觉得很意外，有的家长表示以后会多跟孩子交流，多听听孩子的想法，多花一些时间跟孩子"玩"，在玩的过程中也能让孩子学到很多，可能更有利于孩子的成长。

过渡：爸爸妈妈，孩子对父母的陪伴有自己的期待，每个孩子也不一样。我们自认为对孩子好的陪伴方式可能并不是孩子想要的，有的时候耐心、专注地听一听，才能走进孩子们的内心，了解他们的需求。当然，我们能听到一个共同的声音，就是孩子是需要我们陪伴的，而我们再不陪陪孩子，他们就真的长大了！

> 设计意图：通过海报讨论、全班分享、亲子互动，让孩子学着表达自己想要的陪伴，让父母发现孩子需求与父母想法之间的差异，从而学习根据孩子的需求去陪伴他们。

四、表达爱：珍惜美好的陪伴

座位调整：对应组家长、孩子位置调整，家长坐在孩子的身边。

（一）孩子感言：爸爸妈妈，再不陪我我就长大了

文本内容：爸爸妈妈，别看手机了！爸爸妈妈，放下电脑吧！你们再不陪我，我就长大了，到时候我会整天忙于呼朋引伴，根本没空再和爸爸下下象棋，陪妈妈谈论肥皂剧……

爸爸妈妈，今天可以不加班吗？爸爸妈妈，今晚别去陪客户了！陪我说说话吧，听我讲讲学校里有趣的人和事好不好？你们再不陪我，我就长大了，到时候或许不再愿意和你们分享心中的一切，而是把心事锁进日记本中……

爸爸妈妈，陪我去趟游乐场吧！爸爸妈妈，陪我一起去野外呼吸呼吸新鲜空气吧！你们再不陪我，我就长大了，到时候我可能会牵着恋人的手徜徉于非洲大草原，会跟驴友们并肩看尼亚加拉大瀑布，却唯独不再有空和你们一起去郊外踏踏青……

爸爸妈妈，你们说我是你们写过的"最美的情书"，我也明白你们终日奔波忙碌是为了给我更多更好的东西，可你们是否想过，你们的陪伴就是我最想要的。当我能够独立行走，我就不再需要你们抱了；当我懂得了坚强，就不会趴在你们肩头哭了；当我学会了报喜不报忧，就不会再什么都跟你们说了；当我进入叛逆期，可能就不会再把爸爸当男神，把妈妈当女神了……

爸爸妈妈，趁我还没长大，趁我还没有离开家，趁我还没有飞得那么高那

么远，趁我还喜欢腻在你们身边，多陪陪我吧！我真的很快就要长大了……①

前面四段分别由四个孩子来朗读，最后一段孩子们一起朗读。（背景音乐：《父亲》）

孩子读得很动情，列举了许多长大前后的变化，如会整天忙于呼朋引伴而没空和爸爸下棋，不愿和父母分享心中的一切而是把心事锁进日记本，与驴友并肩看世界而不再有空和父母一起去郊外踏青……。听着孩子们的感言，很多父母都控制不住情绪，尤其是当孩子读到后面两段时，有的紧紧地抱着孩子或握着孩子的手，有的在默默擦着眼泪。

（二）父母感言：孩子，我想对你说

请父母用孩子希望的方式来表达对孩子的爱。

听了孩子的感言后，大部分父母用拥抱的方式来表达对孩子的爱，有很多父母拉着孩子的手，说着悄悄话，也有父母直接向孩子说出心中未能陪伴的愧疚。父母们说得最多的一句话是："孩子，爸爸妈妈以后一定会多陪陪你；你以后遇到什么问题，也可以多和我们一起讨论。"孩子们也用拥抱回应了自己的爸爸妈妈，场面非常感人。

结语：孩子们，爸爸妈妈是爱你们的，就像他们经常做的那样，但也需要你们时时去表达自己对于他们的需求。爸爸妈妈，孩子是需要陪伴的，孩子希望爸爸妈妈跟他在一起的时间能真正属于他。请多一点专心、耐心和聆听，关注并重视他的需要，只有这样才能真正走进孩子的心里，就像今天我们做的这样。爸爸妈妈，再不陪伴孩子，孩子就真的长大了！

> 设计意图：通过孩子感言，让父母再次感受孩子对自己的陪伴的强烈需求；通过父母感言，让孩子感受到父母的爱。在爱的表达中让亲子双方感受到基于彼此需要的陪伴带来的愉悦。

---

① 佚名.爸爸妈妈，你们再不陪我我就长大了……[EB/OL].（2015-06-04）[2020-03-10].https://www.sohu.com/a/17720511_113051.

初中段 一路上有你

设计者：毕蓓蓓
指导者：蔡迎春

学情分析

进入初中以后，伴随着自我意识的强烈觉醒，孩子们越来越渴望独立，亲子间可能发生很多矛盾与冲突。学业上，孩子们初中阶段的学习状态也发生了巨大的变化，成绩有了分化，很多孩子的成绩与小学时相比会有很大的差异。由于中考的压力，一方面，家长对孩子成绩有了更高的要求，另一方面又不知道怎样去支持孩子的学业。故亲子双方的冲突点往往会在考试之后凸现出来。

本课聚焦考试分数，通过小品呈现现实冲突、小组讨论分享彼此感受，帮助家长懂得有效的支持是帮助孩子分析和解决问题，而不是指手画脚，让孩子懂得向父母表达自己的想法，并感受到父母的支持和爱。

活动对象

七年级学生及家长。

活动目标

目标	家长层面	学生层面
知识层面	了解到当孩子进入初中后，父母更有效的陪伴是站在背后的支持。	了解到当进入初中后，父母仍然在身边给予支持和爱。
能力层面	学会和孩子一起讨论分析，而不是指手画脚。	学会在需要的时候，征询父母的建议，并表达自己的想法。
态度层面	接纳孩子以对等的方式和自己相处。	感受到父母的支持和爱。

活动时间

七年级第二学期期中考试后。

活动准备

（1）座位安排：孩子和家长各3组，每组6—8人，孩子组与家长组一一对应。

（2）小品排练：根据现实生活中考试后的亲子冲突，编排小品《分数风波》。

（3）材料准备：2块移动黑板，放置在教室两边。每组1张海报纸、3—4张A3纸、1盒水彩笔、1盒蜡笔。

（4）视听媒体：歌曲《大梦想家》、纯音乐《我相信》（*I Believe*）。

活动过程

一、热身活动：爱的抱抱

（一）抱团游戏

操作方式：家长和孩子跟着节奏在教室里欢快地走动。当教师报出数字"几"时，就几个人抱在一起。报3—4次，最后一次报出数字"2"，并要求亲子抱在一起。（背景音乐：《大梦想家》）

在青春活泼的乐曲声中，父母们和孩子们一起进入课堂。当报出数字的时候，大家欢快地组队。最后一轮要求亲子抱在一起时，现场异常热闹，有些家长呼唤自己孩子的名字，有些孩子喊着爸爸妈妈，亲子以最快的速度拥抱在一起。乐曲尾声特地留了一些空白，有的亲子还紧紧抱在一起，看来拥抱的感觉真的很棒。

（二）分享感受

提问：刚才在游戏中，你有什么感受？

有个孩子说："这么大了还玩抱抱游戏，怪难为情的，尤其是最后要求必须和爸爸妈妈抱在一起的时候。"有位妈妈说："刚才孩子远远地向我冲过来，拥抱我的那一刻，真的还蛮感动的。确实，很久没有抱抱自己的孩子了。孩子长大了，亲子间不像以前那么亲密了。"

过渡：小时候，妈妈抱抱，宝宝就不哭了。拥抱能够给人以爱和温暖的感觉，增进情感交流。孩子长大了，现在可能很少与父母拥抱，亲子间也不像以前那么亲密了，而且在生活中难免会出现一些矛盾。这不，我们班刚好考完数学。分数一出来，风波就来了。

> 设计意图：通过抱团游戏，迅速点燃课堂。游戏中设计的亲子拥抱，帮助亲子双方重温亲情温暖，同时也帮助他们感悟亲子关系的变化，从而引出亲子间的冲突。

二、话题聚焦：风雨总在考试后

（一）小品表演《分数风波》

内容简介：《分数风波》来源于一次数学考试。主人公小芬考了92分，小树考了82分。小芬的成绩比小树高，却非常难过。而小树虽然成绩一般，却很开心。他们回家后，两个家庭都因为分数发生了冲突。

《一路上有你》素材

两分钟的小品，短小精悍，生动有趣，又意味深长。孩子们扮演的角色真实鲜活，让现场的亲子双方产生了情感共鸣。为什么分数会引发亲子冲突？欣赏完后，家长们和孩子们都若有所思。

（二）全班探讨：考试的价值和意义

提问：为什么小芬和小树两人拿到成绩的反应会不同？小芬和小树将试卷拿回家，为什么亲子间会闹得不开心？

问题很简单，大家说得头头是道。小芬与小树拿到成绩的反应之所以不同，是因为他们本身成绩有差异，对分数的期望不同。看到试卷拿到家里的情形，孩子们说，小芬真可怜，妈妈要求这么高；小树爸爸泼冷水真是可恶，伤了小树的自信心。家长们说，虽然矛盾重重，但是可怜天下父母心，父母的心情孩子们是没法理解的。家长们赋予了分数太多的意义。

确实，分数引起家庭风波，是因为掺杂了亲子双方的期待、言语和情绪的表达等。这时，老师追问："看起来家长和孩子都很看重分数。那么，大家有没有想过，考试的目的到底是什么？"大家一下子陷入了沉思，开始思考分数的意义。理性回归后，家长们和孩子们的答案出奇地一致——考试分数只是为了检验这个阶段的学习状况，为老师教学提供参考。经过这样的思考，有位家长感叹道："回到考试的初衷来看分数，才发现，我们面对分数的那些情绪及背后的潜台词，不仅成为破坏亲子关系的导火索，而且使得分数失去它应有的作用。"

过渡：每个人在中小学都会经历很多场或大或小的考试。但是，除了中考和高考是选拔性考试，其他大部分考试的功能都是诊断和反馈，是检查前一段时间学习的状况，使接下来的学习更有针对性；是帮助孩子发现知识掌握的漏洞，同时，也为老师接下来的教学提供参考。但是在生活中，我们却很难冷静地看待分数。因为我们看到分数，就会产生各种情绪反应，导致我们无法理性分析。下面，我们就来看看，是什么样带着情绪的言语让我们无法冷静。

> 设计意图：通过小品《分数风波》呈现现实生活中的亲子冲突，全班探讨冲突背后的原因，帮助亲子双方认识到，分数事件的负性情绪以及情绪影响下的语言和行为，不仅不能支持、鼓励孩子，反而影响了亲子关系，使考试失去了本身的价值。

三、探讨分享：真心话大冒险

（一）小组讨论：最不喜欢的话

操作方式：采用小组讨论的方式进行。家长组的话题是"考试过后，最不喜欢孩子的哪些话以及感受"；孩子组的话题是"考试过后，最不喜欢家长的哪些话以及感受"。讨论结果记录在海报纸上,不喜欢的话写在左侧,右侧写下听了这句话的感受。小组讨论并完成海报后,各自贴到教室两边的移动黑板上展现。每个小组派代表进行全班分享。

给彼此一个开放自由的空间,亲子双方才能真正表达出自己的真实想法。孩子组分享了十五六句最不喜欢的家长的话。例如,"人家谁谁谁都比你考得好!""你到底要不要学!""就这点分数,还差得很远呢!"听了这样的话,孩子们觉得考得再好也有挫败感,会更没有信心,觉得父母一点儿都不理解自己,特别伤心。有个孩子在表达的时候,模仿家长和孩子斗嘴的口气,收获全场一片掌声。家长说:"你怎么连自己最擅长的科目都能考砸!"孩子反驳道:"谁说擅长的科目就不能考砸了!"孩子们的声音响亮,眼神坚定,语气果断,掷地有声地陈述自己的观点和想法。这不禁引发家长思考,怎样以更平等的方式对待孩子。

三组家长代表的分享中,提到十一二句最不喜欢的孩子的语言及反应。例如,"还行吧""谁谁比我考得还差""不信你考考看"等。最不喜欢孩子一问就火大喉咙响,或者沉默不语。家长们会觉得孩子不在乎成绩,爱抬杠,或者不知所措,不知道怎么教育孩子,甚至会失望和心碎。有位爸爸回顾了这次期中考试后与孩子的对话。他说:"我也知道孩子大了,也想学着和他平等对话。那天看了成绩,我就轻轻地,真的没有一点指责的意思,说了句'这次数学又拖后腿了'。我儿子就发飙了,说'有本事你去考考看'!请大家评评理。"那边儿子脸色铁青,把头扭向一边。可能孩子心情也很不好,家长一个"又"字,让他压力很大。看起来,这对父子因为这件事情还是很不开心。父亲可能没有留意孩子的脸色,也没有想到这样的表达会让孩子很难堪。但值得肯定的是,这位爸爸至少表达了自己的真实想法,而需要反思的只是表达方式。随着孩子的不断成长,怎样陪伴孩子是我们在生活中要不断反思、调整和实践的。

(二)教师追问:期待对方的反应

提问孩子:每次考试后,你希望家长有什么样的反应?
提问家长:每次考试后,你希望孩子有什么样的反应?

孩子们希望考试考好了,家长也能为自己高兴,为自己庆祝,而不是泼冷水,这样很伤自信心的!考砸的时候,孩子回到家能够得到家长的安慰,一起寻找原因，彼此陪伴着重新出发！孩子们允许家长批评，但是希望能够就事论事，不要进行人身攻击。有个女孩说："考好的时候，适当的物质奖励，给我们点'甜头'还是很管用的。就像动物园里驯兽师训练小动物做动作，它们表现好了，驯兽师会摸摸它、表扬它，还会有吃的！"这个女生的发言大胆而有趣，激起了孩子们的喝彩，也逗乐了家长们。孩子们表达了精神上和物质上的需求，合情又合理，他们希望父母是自己最坚强的支持者和陪伴者。

其实，家长们的心愿也很简单，希望孩子们能够健康快乐地成长。虽然孩子现在已经慢慢长大，有很多问题会自己解决了，但是无法解决的时候，家长还是希望自己能成为孩子永远的依靠，希望孩子向家长寻求帮助，希望孩子考完试能够主动和家长说说自己的心情，分析一下原因，继续努力。有位妈妈在表达的时候，分享了自己矛盾的心情："孩子考好了回到家，很'嘚瑟'，其实妈妈的心情也很'嘚瑟'，我也想表扬，但是又怕我的表扬让孩子骄傲得找不到北，考试考好了，我还是希望孩子能够不要那么'嘚瑟'。"刚才那个提倡物质奖励的女孩站起来说："考好了就该开心，我们才不会装呢！"这么一说，现场陷入尴尬。老师连忙追问："那你的意思是考好了'嘚瑟'，不会骄傲？家长的担心是多余的？"女孩想了一会儿说："也有可能会骄傲，但是考试考好的那一刻就是很高兴、很'嘚瑟'的，爸爸妈妈应该为我们高兴。如果以后骄傲了，以后可以批评的嘛，我们也是允许家长来监督我们的！"孩子们的表达很诙谐很真实，很多家长听了会心一笑，点头认同。

过渡：分数看起来简单，其实是有很多因素综合而成的，有必然性，也有偶然性。请亲子双方都不要简单地用分数去评价全部，而要更多地看到分数背后的努力以及存在的问题。就像今天这样，亲子双方敞开心扉，平等对话，并学习心平气和地表达自己真实的想法和感受，以及对对方的期待。爸爸妈妈，如果不站在高位指手画脚，反而能够更好地支持孩子；孩子们，一路上有爸爸妈妈的陪伴，一定能够越走越精彩。

> 设计意图：通过"考试过后，最不喜欢的话以及感受"，以及"期待对方的反应"的表达，帮助家长接纳孩子，以对等的方式交流，认识到有效的支持不是指手画脚，而是和孩子一起分析讨论；帮助孩子感受到父母的支持和爱，学习更好地表达自己的想法，在需要的时候征询父母的建议。

四、梳理感悟：一路上有你

座位调整：对应组家长、孩子位置调整，家长坐在孩子的身边。

（一）活动：亲子画脚印

操作方式：每一对亲子取一张 A3 纸。打开桌上的蜡笔盒，自由选择颜色。请孩子们在纸上摆放好父母和自己的脚，接着双方共同用色彩或图案丰富这两个脚印。（背景音乐：《我相信》）

在创作过程中，大多数的家长都愿意让孩子摆弄自己的脚，愿意让孩子自己设计脚印。有的家长全程就伸出一只脚，笑着看孩子画画，有的家长则和孩子一起创作。现场吐槽的那对父子也忘记了刚才的尴尬，两个人为脱不脱鞋的事情争论了一番，最后老爸听从儿子的话，脱掉鞋，在纸上摆了两个靠在一起的脚印。伴着这舒缓的音乐，看着这动人的画面，我心里充满了感动。

（二）分享：脚印感受成长

亲子自愿展现 2—3 幅作品，并分享感受。

有位家长说："画完这个脚印，我发现我儿子的脚比我的大了很多！觉得好感动，他真的长大了！"每个家长都会从脚印的尺寸中直接感受到，孩子真的长大了，他们越来越有力量去生活、学习。我们家长，也是时候学着站在他们的身后支持他们了！

有个孩子说："我的妈妈一个人撑起了一个家，特别辛苦。现在，我的脚比妈妈的脚都大了！我觉得我应该更有担当，让妈妈少操点心。"他的妈妈两眼泛着泪光看着他。我想她此刻一定忘却了生活的艰辛，看着儿子她心里是满满的成就感、满足感和幸福感！

结语：刚才爸爸妈妈和孩子很愉快地完成了这个作品。在整个过程中，我发现有的爸爸妈妈是和孩子一起画，有的则是看着孩子画，有的孩子在创作过程中独立默默地完成，而有的孩子则会经常和爸爸妈妈探讨。不管有没有参与，爸爸妈妈都用微笑的目光关注着孩子,这就是陪伴。

爸爸妈妈,孩子长大了,他们更多的时候希望我们站在背后支持他们,成为他们坚强的后盾!孩子们,尽管很多时候,你们更想独立,但是请看看爸爸妈妈的眼神,记住,他们一直在你们身边。

最后,请大家站起来,给彼此一个大大的拥抱,"一路上有你",我们勇敢前行!

> **设计意图**:脚印象征孩子的成长道路,孩子自己摆放亲子的脚印位置,象征孩子的前行需要依靠自己的力量。父母在旁边关注或者参与画脚印,象征父母的陪伴。通过亲子画脚印的活动,让孩子感受到父母的爱和陪伴;同时,也让父母接纳孩子的成长,学习站在孩子背后给予支持。

● 理解篇

读懂需求系列

读懂需求
系列解读

要帮助父母理解孩子,首先需要读懂生命成长的需求。马斯洛认为,人的需求分成生理需求、安全需求、归属与爱、尊重需求和自我实现五个层次。需求是由低到高逐级形成并得到满足的。进入小学后,当生理需求、安全需求得到满足后,归属与爱的需求就变得更为重要。读懂需求系列四节课:小学低段,读懂孩子对妈妈的需求,希望获得更多的支持和鼓励而非指责;小学中段,读懂大宝从"独享爱到分享爱"的失落与困扰,包容并允许孩子有适应的过程;小学高段,读懂父亲在孩子生命成长中的重要影响力;初中段,通过孩子需求的直接表达,帮助父母读懂到了青春期同伴成为影响孩子成长的重要群体。

《我的好妈妈》:孩子进入小学后,很多妈妈在外努力工作,在家做家务、管孩子,非常辛苦。母亲孕育了生命,抚育孩子长大,理应是孩子最亲密的人。但有孩子却表示不喜欢甚至讨厌妈妈。如何帮助妈妈读懂孩子的需求,更好地与孩子相处?我们通过视频《鸟类哺喂幼鸟》和照片故事《和妈妈相处的点滴》,感受在妈妈爱的陪伴下孩子的成长;通过考试后冲突场景的呈现和"孩子喜不喜欢妈妈及原因"的调查分享,思考在爱与期待下妈妈的指责、抱怨的影响,激发妈妈改变的动力;通过亲子回忆考试失败的感受和"怎么做更好"的对策探讨,明白支持、鼓励、陪伴比指责、抱怨更有效,亲子合力寻找解决方法;最后,分享自创绘本《孩子最希望妈妈做出的十大改变》,梳理孩子的需求,强化亲子一起改变的力量。

《老大老小都是爸妈的宝》:随着二孩政策推行,很多孩子有了弟弟妹妹。父母会不自觉地更关注小宝,这使习惯了独享父母的爱的大宝有了强烈的失落感。亲子关系变得紧张,甚至对立。其实,家庭结构的改变,父母也有很多困扰。为了帮助亲子更好地迎接挑战,享受四口之家的幸福,我们通过电子相册《三口变四口》,感受新成员的加入带来的家庭变化;通过再现生活情境和大宝诉说感受,体会大宝的困境,了解到大宝从独享爱到分享爱需要时间适应;通过"积极应对：三加一大于四"的亲子分组讨论，父母学习兼顾两个孩子的情绪、不随意做比较，大宝学习接纳小宝的到来；最后，描绘《幸福的四口之家》，回归家庭实际，亲子一起努力，用行动积极面对家庭的新变化。

《爸爸在这儿》：到了小学高段，孩子逐渐步入青春期，父亲在孩子生命中的影响日益凸显。但在现实生活中，因工作繁忙，很多爸爸经常缺席家庭生活。而且，不擅表达的爸爸往往将关心转变成严格的要求，使孩子很难感受到爸爸的爱。如何帮助亲子感受到父爱的力量？我们通过相册《爸爸在这儿》，回忆在一起的美好时光，拉近爸爸与孩子的距离；通过自创绘本《我心目中的爸爸》的分享，呈现孩子心目中爸爸的形象和对爱的不同需求；通过游戏"我会接住你"，用行动表达爱，感受到爸爸的爱和力量，始终在孩子背后给予支持；最后，"爱的台词""爱的礼物""爱的拥抱"，将爱具体化、可视化，让孩子感受到爸爸一直在身边。

《爸妈，我想对你们说》：进入青春期，同伴成为影响孩子成长的重要群体。但父母往往对孩子的同伴交往过于敏感，导致亲子冲突不断。如何帮助父母读懂并接纳孩子在青春期同伴交往的需求？我们通过"猜猜我是谁"的游戏，发现随着孩子生活空间的扩大，同伴比父母更了解孩子；通过同伴交往引发亲子冲突的小品表演和"我希望对方这样做"的需求表达，了解孩子希望独立处理同伴关系的需求，理解父母对孩子同伴交往的敏感与关注；通过对"对方需求"的星级点评和"面对分歧的积极协商"，让亲子学习倾听对方的想法，用更平和的方式解决冲突；最后，亲子通过"我想对你说"环节互述衷肠，回归自身实际，学习更坦然地表达需求。

孩子的生命成长，需要父母，需要同伴。没有感受到父母的爱与支持，会让孩子对自己的生命价值产生怀疑。而到了青春期，同伴开始发挥更大的影响力，同伴交往的需求变得日益重要。当然，请记住，父母仍然是孩子生命中的重要存在。读懂需求系列四节课，帮助父母读懂孩子对爱的需求，理解孩子生命成长中重要他人的价值和意义！

小学低段 我的好妈妈

设计者：郎 萍
指导者：蔡迎春 何咏梅

学情分析

"世上只有妈妈好"——在这个世界上，妈妈们给了我们生命，抚育我们长大，理应是我们最亲密的人。进入小学后，很多妈妈在外努力工作，在家做各种家务，还要管孩子的学习，非常辛苦，但同时却与孩子渐行渐远。甚至，有孩子说："我讨厌妈妈，坏妈妈。"到底是哪里出了问题？孩子的需求到底是什么？孩子与妈妈间的互动有哪些需要改进的地方？

本课聚焦妈妈与孩子的相处，通过观看视频照片、小组讨论、分享感受的方式，让妈妈了解孩子的需要，明白支持、鼓励、陪伴比指责、抱怨更有效；在孩子学习碰到困难时，妈妈能够与孩子一起分析原因，寻找解决问题的方法，并能够允许孩子以自己的节奏与方法解决问题。让孩子了解妈妈指责、抱怨的背后，更多的是对孩子的爱与期待；当学习遇到困难时，学会向妈妈表达自己的情绪和需求；能够体谅妈妈因为爱孩子，有时会提出过高的期待与要求。

活动对象

二年级学生及家长（妈妈）。

活动目标

目标	家长层面	学生层面
知识层面	了解孩子对妈妈的需求，明白支持、鼓励、陪伴比指责、抱怨更有效。	了解妈妈指责、抱怨的背后，更多的是对孩子的爱与期待。
能力层面	在孩子学习碰到困难时，妈妈能够与孩子一起分析原因，寻找解决的方法。	在学习遇到困难时，学会向妈妈表达自己的情绪和需求，获得妈妈的帮助与支持。
态度层面	在孩子学习碰到困难时，允许孩子以自己的节奏与方法解决问题。	能够体谅妈妈因为爱孩子，有时会有过高的期待与要求。

活动时间

二年级第一学期。

活动准备

（1）座位安排：全班分为6组，每组3—4个家庭。

（2）课前调查：在上课班级提前采集数据。问题1：你喜欢妈妈吗？为什么？问题2：最希望妈妈做出的改变是什么？根据问题1采集的数据制作成统计表《你喜欢妈妈吗》；将问题2采集的数据配上插图制作成绘本《孩子最希望妈妈做出的十大改变》。

（3）视听媒体：视频《鸟类哺喂幼鸟》。

（4）照片收集：每个家庭提供1张妈妈与孩子温馨相处的照片，配以文字，用PPT制作成照片故事《和妈妈相处的点滴》。

（5）小品排练：《签字风波》。

（6）材料准备：每组1张A3纸，1支记号笔。

活动过程

一、回忆生活点滴：感受好妈妈

（一）呈现视频《鸟类哺喂幼鸟》

《鸟类哺喂幼鸟》视频主要呈现了鸟妈妈顶风冒雨、不辞辛劳地给幼鸟哺食的场景。

观看视频，孩子分享感受。

看着视频里的鸟妈妈忙忙碌碌衔虫喂小鸟的身影，教室里安静极了。孩子们都说想到了自己的妈妈：妈妈也曾给我喂过饭，妈妈常常陪着我，妈妈很爱我。孩子们感受到，妈妈一直在身边，陪着自己慢慢长大。

（二）照片故事《和妈妈相处的点滴》

照片集中呈现了生活中妈妈与孩子相处的温馨一刻。

让孩子用一两句话说说照片背后的故事。让家长在看完照片、听完故事后，分享感受。

有的孩子和妈妈在湖边拥抱着，比出"V"的手势；有的孩子坐在妈妈怀里，一起静静地看书；有的孩子和妈妈比赛跳绳；还有的孩子坐在凳子上，妈妈给她扎辫子；一个小姑娘和妈妈用双手比出了一个"大爱心"。照片的内容虽然各不相同，但每一张照片上都能看到暖暖的笑容。看着照片集，妈妈和孩子的嘴角都开始往上翘，有的孩子拉起了妈妈的手，有的孩子依偎进妈妈怀里。

一个小男孩说，今年生日那天，妈妈陪他去西湖边玩，拍了这张照片，当时他特别高兴；有个小姑娘说，妈妈工作很忙，可是每天都会抽出时间和她一起看书，她最爱妈妈了；还有个孩子说，妈妈每天不仅要上班，还要做饭、洗衣服，给他检查作业，他一开始不会跳绳，妈妈还会陪他一起跳，妈妈很能干，也很辛苦。

看着照片集，听孩子讲述照片背后的故事，妈妈们都很有感触。一位妈妈说自己平时工作很忙，能陪孩子的时间比较少，所以每天只能陪孩子看一小会儿书，有时候自己都觉得愧疚，但是孩子真的很乖巧，很贴心。一位妈妈红着眼眶说，今天才知道，原来自己的付出，孩子都看在眼里，孩子心里都知道。妈妈们感慨，时光飞逝，不知不觉，孩子们已经非常懂事了。

过渡：在妈妈的照顾下，不知不觉，孩子长大了。生活中的很多事情，孩子都记在了心里。同时，对很多问题，也慢慢地有了自己的想法，有时候，甚至与妈妈有了不同的意见。请看，发生在我们身边的故事。

设计意图：通过《鸟类哺喂幼鸟》视频，引出话题，妈妈就在身边陪着孩子长大。通过照片故事，回忆与妈妈在一起的点点滴滴，让孩子感受到妈妈的爱；让妈妈感受到孩子的成长，意识到，在不知不觉中，孩子已经有了自己的想法。

二、再现冲突现场：理解好妈妈

（一）小品表演《签字风波》

内容介绍：数学测试结束后，小洁请妈妈在试卷上签名。因为成绩不理想，妈妈责骂了小洁，小洁和妈妈吵了起来。

提问：这是一场发生在妈妈与孩子之间的争吵。这次争吵之后，小洁连续两天没有和妈妈讲话。是什么原因让原本亲密无间的母女，彼此间有了隔阂？

小品《签字风波》，是曾经发生在班级里的真实事件。看着孩子扮演的争吵中的母女，妈妈们若有所思。在探讨隔阂缘由的时候，孩子们说妈妈和小洁吵架是因为小洁考试没有考好。妈妈们表情有点沉重，一位妈妈说，可能家长太注重成绩了，一味地责怪，却没有站在孩子的角度思考问题；一位妈妈说可能家长对孩子的期望值很高，而孩子的成绩没有达到。

（二）课前小调查的分享

1. 呈现调查表

调查表呈现了课前问卷的统计结果：班级中的绝大多数孩子喜欢妈妈，但有个别孩子明确表示不喜欢妈妈。喜欢妈妈的原因主要是：（1）妈妈既要上班，又要教我写作业，还要做家务，每天都很辛苦；（2）妈妈给了我生命，妈妈很爱我；（3）妈妈养我很辛苦；（4）妈妈为我付出很多，妈妈把最好的都给了我。不喜欢妈妈的原因主要是：（1）妈妈很凶，妈妈爱发脾气；（2）妈妈动不动就打我、骂我，我忍了她很久了；（3）妈妈不陪我；（4）妈妈会骗我，说话不算话；（5）妈妈管东管西，什么都要管。

2. 家长分享感受

提问家长：看了小调查，有什么想法？

当看到调查表中"有三个孩子不喜欢妈妈"时，教室里更安静了，妈妈们盯着大屏幕，表情有点严肃。调查表的呈现，极大地触动了妈妈们。一位妈妈说："有些妈妈会骂孩子、会打孩子，总认为这么做是为了孩子好，其实妈妈想把孩子管教成自己心目中的完美小孩，却忽略了孩子的想法；每个孩子都有自己的想法，我们不应该把自己的想法强加给孩子。"一位妈妈哽咽着说，她打骂过孩子，其实在打孩子的时候她是很心痛的，以后会尽量克制自己的脾气；一位妈妈说希望妈妈们和孩子们都能学会换位思考；一位妈妈红着眼眶说，陪伴很重要，妈妈们以后应该花更多的时间去陪伴孩子；一位妈妈表示以后会给孩子更多的空间，不再事事强加自己的想法。

过渡：看样子，妈妈对孩子有很高的期望。那么，当孩子考试没有考好，与妈妈的期望有很大差距时，怎么办比较好呢？让我们一起来探讨，共商对策！

设计意图：通过呈现小品《签字风波》，引发妈妈与孩子思考亲子间产生隔阂的原因，激起妈妈改变的动力。小调查的分享，进一步激发妈妈改变的意愿，也让孩子了解，妈妈指责、抱怨的背后，更多的是对孩子的爱与期待。

三、合力化解矛盾：成为好妈妈

（一）感受分享与理性探讨

提问孩子：考得不好的时候，有什么感受？

提问家长：在你的学生时代，是否有考得不好的时候？当时的感受是什么？

与家长探讨：考试的意义与价值是什么？

孩子们都说，考得不好的时候，心里是很难过的。一个小男孩说，考得不好的时候，会很害怕，害怕回到家被爸爸妈妈打骂。一个小姑娘说，考得不好的时候，很不开心，就连回家写作业都提不起劲。妈妈们回忆了考试失败的经历。一位妈妈说，有一次数学期末测试没有考好，当时很难过，很伤心。另一位妈妈说，有一场重要的考试考砸了，她躲进房间偷偷哭了很久。对失败经历的回忆，让妈妈们进一步感受到孩子考试没有考好时的心情。

对于考试的意义，一位妈妈说，考试是为了了解孩子前一阶段的学习情况，哪些地方掌握得比较好，哪些地方掌握得不够；一位妈妈说，考试的价值就是找到孩子薄弱的地方，再做针对性的学习巩固。妈妈们感悟到，考试不是为了分数，考试是为了检验前一阶段孩子的知识掌握情况，是为了查漏补缺。

（二）小组讨论，形成对策

操作方式：孩子先在小组内交流，话题是"考得不好的时候，希望妈妈怎么对待"。孩子交流结束后，家长与孩子再在小组内讨论，讨论话题是"当考得不好的时候，我们怎么做更好"，讨论结果由家长记录在A3纸上。小组活动时间3—4分钟。结束后，小组派代表汇报，全班分享。

小组活动时，现场气氛较热烈。小组代表们说考得不好的时候，孩子们最希望得到的是妈妈的温柔耐心与支持鼓励。

在讨论"当考得不好的时候，我们怎么做更好"这个话题时，每个小组都从孩子、家长两个角度给出了建议。家长们认为，当孩子考得不好的时候，家长要多站在孩子的角度体会他的感受，温柔一点，不骂人，不打人，不乱发脾气。有个小组代表的话让人印象深刻，她说如果孩子考试没有考好，她会陪着他一起去发现问题，寻找解决问题的方法，因为帮助比一味地批评更有用。另一个小组的代表说，每个孩子学习的速度有快有慢，考得不好也很正常，学习时总会碰到困难，妈妈要相信孩子，和孩子一起努力。

而作为孩子，在考得不好的时候，认为这么做更好：如实和妈妈说，针对薄弱环节进行复习，继续努力。妈妈与孩子一起找到了很多的应对方法。妈妈感悟到支持、鼓励、陪伴比指责、抱怨更有效；孩子则认识到考试没有考好时，可以告诉妈妈自己的感受，并寻求帮助。

过渡：当考得不好的时候，孩子其实是非常难过的。与批评、抱怨、指责相比，在遇到困难的时候，孩子更希望得到的是妈妈的帮助与支持。那么，怎么做，才能更好地支持孩子呢？让我们来听听孩子的心声，请欣赏自创绘本《孩子最希望妈妈做出的十大改变》。

> 设计意图：家长回忆考试失败的心路历程，并让孩子们说出心声，让家长了解到当孩子考得不好时，他们心里也很难受。通过小组讨论，让家长了解，支持、鼓励、陪伴比指责、抱怨更有效；让孩子了解，在学习遇到困难时，可以向家长表达自己的感受并寻求帮助。

四、梳理总结：愿做好妈妈

（一）妈妈愿意为你做出改变

1. 自创绘本欣赏《孩子最希望妈妈做出的十大改变》

Top1：希望妈妈改变脾气，变得温柔点。

Top2：希望妈妈不要打我。

Top3：希望妈妈改变她的唠叨，不要老是说我。

Top4：希望妈妈不要打牌。

Top5：希望妈妈能关心我一些，多理解我一些。

Top6：希望妈妈不要一直在网上买东西。

Top7：希望妈妈的教育方法好一些。

Top8：希望妈妈不要总喊"1、2、3"。

Top9：希望妈妈变成一只小兔子，因为她平常像怪兽一样。

Top10：希望妈妈把头发改变一下，变得更漂亮。

《我的好妈妈》素材

2. 家长分享感受

提问：妈妈们，看了孩子希望妈妈做出的改变，你们有什么感觉？有什么打算？

在观看《孩子最希望妈妈做出的十大改变》时，教室里一下子安静了下来，妈妈们看得非常认真，都说自己以后要尝试着做出改变。一位妈妈说："以后我会温柔一些。"一位妈妈说："以后我要抽时间多陪陪女儿。"一位妈妈红着眼睛说："我以后会克制自己的脾气，再也不随便打骂孩子了。"

（二）和妈妈一起努力

提问：孩子们，当妈妈做出改变的时候，我们是不是也需要改变？

有一位妈妈为了可以和孩子一起参加这次亲子活动，特地从西安赶回杭州。不能陪伴在孩子身边，是她最大的遗憾。老师问孩子："妈妈能来参加这次活动，高兴吗？"孩子非常响亮地回答："高兴！"这时，老师追问："妈妈愿意为孩子改变，那你们愿意为妈妈做出改变吗？"孩子们纷纷回答愿意。活动在一个拥抱中结束，很多妈妈流下了眼泪。活动虽然结束了，但是这样的拥抱可以每天都发生，流露出来的情感会一直延续下去。

结语：孩子希望妈妈变得温柔一点，希望妈妈在自己遇到困难的时候，能够耐心地陪伴，能够给予帮助与支持。听了孩子的愿望，妈妈愿意努力，愿意做出改变。我想对孩子们说的是，当妈妈做出改变的时候，你们也要做出改变；如果双方一起努力，问题会更容易解决，彼此也会更加亲密。

> 设计意图：通过自创绘本《孩子最希望妈妈做出的十大改变》，回顾梳理整堂课，让妈妈进一步明白孩子的需求。通过设问的方式，让孩子明白，冲突的解决，不仅仅是妈妈一方的责任，自己也要做出努力。

小学中段　老大老小都是爸妈的宝

设计者：朱振华　冯　丹
指导者：蔡迎春

学情分析

随着二孩政策实行，很多家庭增添了新成员。由于父母会不自觉地把更多注意力放在小宝身上，习惯了"万千宠爱于一身"的大宝会有一种失落感，感觉父母不再爱自己。他们很容易把原因归结到弟弟妹妹身上，从而表现出不欢迎家庭新成员到来的举动，常有负面情绪。这也使许多家长很苦恼，亲子关系因此变得紧张，甚至对立。

本课针对家有两孩的家庭，聚焦大宝与父母的冲突，通过讨论与对话，让父母了解到大宝从独享爱到分享爱需要时间适应，学会兼顾两个孩子的情绪，不随意做比较。让大宝了解到弟弟妹妹也是家庭的重要一员，和自己血脉相连，他们的到来给家庭带来了很多欢乐。通过倾听与表达心声，改善亲子关系，让彼此都能感受到四口之家的幸福。

活动对象

四年级学生（大宝）及家长。

活动目标

目标	家长层面	学生层面
知识层面	了解到大宝从独享爱到分享爱需要时间适应。	了解到弟弟妹妹也是家庭中的重要一员，和自己血脉相连。
能力层面	学会兼顾两个孩子的情绪，不随意做比较。	能够用行动接纳家庭新成员的到来。
态度层面	允许大宝有自己的空间，感受家有俩娃的幸福。	积极面对家庭新成员的加入。

活动时间

四年级第一学期。

活动准备

（1）座位安排：孩子和家长各3组，每组6—8人，孩子组与家长组一一对应。

（2）视听媒体：纯音乐《让爱住我家》。

（3）照片收集：每个家庭提供1张早期三口之家的合影和1张现在四口之家的合影，制作成电子相册《三口变四口》；每个家庭提供1张父母教大宝学走路、给大宝喂饭等的照片，1张父母教小宝学走路、给小宝喂饭等的照片，制作成电子相册《我们的幼年时光》。

（4）小品排练：根据父母因忙于照顾小宝而忽略大宝的日常生活情境，编排小品《莉莉的烦恼》。

（5）材料准备：每组1支黑色记号笔、1张海报纸；每对亲子1张A3纸、1盒水彩笔。

活动过程

一、感受变化：三口之家到四口之家

（一）呈现相册《三口变四口》

教师呈现在场家庭早期三口之家和现在四口之家的合影，请家长和大宝一起感受家庭的变化。（背景音乐：《让爱住我家》）

在温馨的乐曲中，父母和孩子都很专注地欣赏着照片。当看到自己的家庭照时都特别激动，孩子们互相猜着照片中的是谁。有的孩子主动地跟身边的同学介绍这是自己5岁的时候，边上的是自己的妹妹。家长们也在小声相互交谈或介绍照片。现场气氛一下子热闹起来。

（二）分享感受

提问孩子：三口之家变四口之家，你喜欢这样的生活吗？

提问家长：听了孩子们的话，你有什么想说的？

孩子们沉默了一小会儿，有的孩子说喜欢，有的孩子说不喜欢。其中一个女孩很勇敢地说不喜欢，并且表达了理由，因为每次和弟弟吵架妈妈总是责怪自己。之后，有好几个孩子也表示不喜欢，因为弟弟妹妹总是哭，跟自己抢玩具，总是霸占爸爸妈妈等。听了孩子们的话，很多家长都没有说话，有一位妈妈回应孩子说："爸爸妈妈对你跟弟弟是一样的。"有些家长对于孩子的话似乎有些惊讶，不知道如何回应。

过渡：弟弟妹妹的加入使三口之家变成了四口之家，这样的变化，有的孩子喜欢，有的孩子不喜欢。面对这样的情况，爸爸妈妈也很困扰。看来，新成员的加入，给亲子双方都带来了很大的挑战。接下来，我们来看一段生活中的场景。

> 设计意图：通过相册《三口变四口》，帮助亲子双方感受家庭的变化；通过感受的分享，让孩子表达内心的想法，让家长了解到新成员的加入，带给孩子很大的挑战。

二、体会心情：大宝的困境

（一）小品表演《莉莉的烦恼》

内容简介：放学回家后，莉莉兴高采烈地回到家，一进门看到爸爸妈妈都在，就高兴地说："爸爸妈妈，我回来啦！"此时的妈妈正在给弟弟换衣裤，而爸爸正在冲奶粉。妈妈回应了一句"莉莉回来啦"。这个时候，莉莉想起，以往自己回来，爸爸都是张开双臂迎接，而妈妈会笑着过来替自己拿书包。想到这里，莉莉张开的双手放了下来，也不想去看弟弟，独自一个人回到房间写作业去了。过了一会儿，莉莉遇到了难题。她跑去向妈妈求助，而妈妈正在整理弟弟换下的衣裤，整理完了又拿去洗，洗了很久。莉莉看着妈妈忙碌的身影，叫了声妈妈，妈妈只是应了一声，但也没问什么事情。回到房间的莉莉，终于忍不住伤心地哭了起来。

四个孩子参与演出，三个分别扮演爸爸、妈妈、莉莉，一个念旁白，塑造的一幕幕场景让人印象深刻，特别是莉莉这一角色的扮演者，演得很动情。有几位家长的眼睛红红的，还有好几位家长看着这一段表演一直沉默着，脸上露出了难过的表情。孩子们看得也很认真，默默地不说话。

（二）全班探讨

提问孩子：你觉得莉莉当时是什么样的感受？生活中类似的事情还有吗？

提问家长：孩子们说的感受你有注意到吗？身为两个孩子的家长，你有什么想说的吗？

好几个孩子都说莉莉当时应该很难受很伤心，也有孩子说应该挺生气的。其中有一个孩子提到莉莉一开始是挺开心的，但是回到家看到爸爸妈妈只照顾弟弟而不理自己就很不开心。接着，孩子们又提到类似的生活事件还有好多，比如，弟弟哭了被责怪的是自己；弟弟抢东西玩被说的也是自己。有一个女孩儿伤心地说自从有了妹妹，爸爸妈妈已经很久没带自己出去玩了，爸爸妈妈陪自己的时间也少了，"叫了好几次才理我"，大家一起吃饭时，总是照顾着妹妹等。平日生活中的种种浮现在脑海里，堆积在大宝心中的不满和不愿顿时爆发出来。

面对大宝的倾诉，父母说他们听着也挺难受的。有的父母说自从有了小宝后，自己的确把很多时间花在小宝身上而忽略了大宝，有时候看着大宝有情绪也不知道该怎么处理；有位妈妈说，真的是有一段时间没陪女儿出去玩了，好不容易周末了，就想在家休息；有位爸爸说，有两个孩子真的压力蛮大的，有时候自己也会情绪不好，对孩子缺少关心。在现场也有几位家长已经意识到了这些，有位家长说，在跟大宝说话时，要多从大宝的角度出发。还有位家长说，可能有小宝后，更希望大宝当好姐姐，却忘了，其实她也还是孩子，也需要父母的关注，而且，原来家庭的中心只有她，而现在中心在转移，要让她一下子接受，确实很难！

过渡：爸爸妈妈，情景剧中的莉莉，现实生活中孩子们提到的很多场景，我们都很熟悉。弟弟妹妹的到来,对于很长时间独享父母之爱的大宝来说,的确是很大的挑战,需要时间去适应。孩子们,爸爸妈妈其实也有困惑,也在思考如何兼顾好两个孩子。下面,我们一起来想想,如何让"三加一大于四"。

> **设计意图:** 通过小品《莉莉的烦恼》的表演与讨论,亲子双方回归自己的生活场景,让孩子基于生活事件诉说自己的感受,让家长再次感受孩子面临很大的挑战,需要时间适应。

三、积极应对:三加一大于四

(一)呈现相册《我们的幼年时光》

教师呈现在场所有家庭父母教大宝学走路、给大宝喂饭等场景的照片,以及父母教小宝学走路、给小宝喂饭等场景的照片。

提问孩子:从这些照片中,你发现了什么?有什么感受?

孩子和家长都很认真地看着。孩子看着自己小时候的照片笑得很开心,同时也发现,现在爸爸妈妈照顾弟弟妹妹的情景和曾经照顾自己时一样。有孩子说"爸爸妈妈爱弟弟也爱我",有孩子说"妈妈辛苦啦",也有孩子说"要帮忙照顾妹妹"。

(二)小组讨论:积极面对变化

操作方式:采用小组讨论的方式进行。孩子组的话题是"有了弟弟妹妹后,带来了哪些好处";家长组的话题是"从一个孩子到两个孩子,我们需要注意些什么"。把讨论结果记录在海报纸上。讨论完成后,派代表进行全班分享。

《老大老小都是爸妈的宝》素材

讨论部分,家长和孩子都积极发言。特别是孩子组,相互分享有了弟弟妹妹之后的诸多好处。家长组也逐渐进入到讨论中。

孩子分享环节,提到最多的是有了弟弟妹妹后平时有人陪自己玩了,可以和弟弟妹妹玩积木、捉迷藏，相比以前，不孤单了；有孩子提到爸爸妈妈不在家，有人陪着自己，也觉得不那么害怕了，因为有弟弟妹妹跟自己聊天，感觉时间过得特别快；有几个孩子提到可以跟弟弟妹妹一起写作业、讨论作业，现在再也不需要妈妈检查作业了，作业写完后两个人互相检查，比比谁的字写得漂亮，比比谁的正确率高；有一组孩子提到弟弟妹妹有时候会说哥哥姐姐很厉害、很棒，就觉得很骄傲。孩子们越说越多，发现的好处也越来越多了。

家长分享环节，提及最多的是要顾及大宝的感受。大家认为对待两个孩子要公正、平等，不偏心，一碗水端平，特别是在买玩具买吃的时。有一组家长提到要照顾大宝和小宝之间的关系，要让两个孩子都学会分享，而不是像之前一味要求大宝让着小宝。有好几组家长特别指出在关注小宝的同时，也要多抽时间陪陪大宝，大宝的成长同样需要细心陪伴。有一位家长补充到，如果父母和孩子有矛盾时，或者两个孩子闹矛盾时，也要顾及大宝的感受，心平气和地解释和引导，而不是压制大宝的情绪。还有家长说平时因为要兼顾两个孩子，自己也有情绪不好的时候，注意不要把这种情绪和压力发泄在大宝身上，对待大宝言语不要过激等。家长们在很多方面达成了共识。在讨论和分享中，有家长提出一个想法后，会启发其他家长提出了更多有用的建议。

过渡：孩子们，现在爸爸妈妈照顾弟弟妹妹，就像他们曾经照顾我们一样。弟弟妹妹的到来，也给爸爸妈妈带来很大的挑战，但他们仍然很爱我们。今天，他们就认真倾听了大家的心声，并愿意做出改变。爸爸妈妈，请给孩子多一点空间和时间，大宝能够体会小宝带来的快乐，学着去适应，好好与小宝相处。接下来，让我们来畅想"幸福的四口之家"。

> **设计意图**：通过相册《我们的幼年时光》，帮助孩子感受父母的爱，以及新成员加入后爱的传承；通过小组讨论"积极面对变化"，帮助孩子明白弟弟妹妹也是家庭中重要一员，学习积极接纳他们，帮助家长学习兼顾两个孩子的情绪，不随意做比较。

四、一起努力：幸福的四口之家

座位调整：对应组家长、孩子位置调整，家长坐在孩子的身边。

（一）亲子活动：画一画

每对亲子一起用A3纸画一张《幸福的四口之家》的全家福。

在创作过程中，现场画面十分温馨，大家都很专注地创作。开始孩子们不知道该画些什么，家长在旁边耐心指导，并和大宝讨论自家的幸福四口是怎样的，该怎么样画。画像上，有的家庭四个人手拉手，有的围坐成一个圈，有的则住在一颗爱心里面，还有些是一家人在一起打球、钓鱼、吃饭等。有些孩子除了画画，还在画上写了"爸爸、妈妈、弟弟，我爱你们"这样的话。

（二）全班分享：说一说

请2—3个家庭介绍自己创作的作品，分享感受。

有个孩子和大家分享了自己幸福的四口之家："这个蓝色的是我爸爸，他是个勇敢坚强、勇于担当的人。这个橙色的是我妈妈，她是个温柔大方的人。我是一个开心活泼的少先队员，所以我是红色的。我弟弟是个调皮捣蛋的小家伙，但他时时刻刻能给家里带来欢笑。这幅画是我们一家四口在沙滩上玩耍。"

有个孩子给大家介绍非常有活力的四口之家："边上两个是我的爸爸妈妈，中间两个是我跟妹妹，我们四个人手拉着手，都穿着运动装准备出游。那是一个天气很好的日子，我们身边有花有草。我们四个在草地上坐下来围成一个圈，我们还一起玩游戏、打羽毛球、骑车。"

画了一颗大大爱心的孩子是这样描述的："爱心里面住着我们四个，爸爸妈妈手拉着手，在他们前面的是我们姐妹俩，也手拉着手。我们画爱心是因为我们是相亲相爱的一家人。在爱心的外面是五颜六色的画和长得很茂盛的树，我希望我们能经常一起去大自然走走。"

孩子们在描绘着自己幸福的四口之家时，脸上洋溢着幸福的表情。家长们用鼓励的眼神看着孩子，还时不时地竖起大拇指向孩子发出爱的信号。

结语：孩子们，弟弟妹妹是多么可爱的存在，他们也是家庭的重要一员，他们和我们血脉相连，他们和我们一起成长。爸爸妈妈，大宝是需要时间适应的，他们会困惑，会难过，会觉得不知所措，需要我们包容并允许他们有这样的一个过程。爸爸妈妈，请在照顾小宝的同时，兼顾到大宝的情绪，多陪伴，多沟通。老大老小都是爸妈的宝，让我们一起努力，创造四口之家的幸福！

> **设计意图：** 通过描绘与分享《幸福的四口之家》，回归每个家庭实际，帮助亲子双方学习用行动积极面对家庭的新变化，并感受四口之家的幸福。

小学高段 爸爸在这儿

设计者：朱新光
指导者：周 昀 周颖芳

学情分析

很多爸爸工作繁忙，经常缺席家庭生活。而到了小学高段，孩子逐渐步入青春期，很多爸爸不知道如何与孩子沟通。孩子虽然需要爸爸的爱，却也很难表达。但是，在孩子的生命成长中，爸爸具有非常重要的影响力。而现实生活中，不擅表达的爸爸常常将关心转换为严格的要求，孩子很难感受到爸爸在背后"山"一样的爱。

本课聚焦爸爸和孩子的沟通，激发亲子的美好回忆，让孩子有机会表达对父爱的需要和感受来自爸爸的默默支持；让爸爸了解到自己对于孩子成长的重要影响力，了解孩子的需求，学习表达对孩子的爱。

活动对象

五年级学生及家长（爸爸）。

活动目标

目标	家长层面	学生层面
知识层面	了解到在孩子的成长过程中，爸爸具有重要的影响力。	了解到每个爸爸爱的表达方式可能不一样，和妈妈也很不一样，但爱我们的心是一样的。
能力层面	能够读懂孩子对爸爸的需要，学会用各种行动表达对孩子的爱。	能够表达自己对父爱的需要，并学会表达自己对爸爸的爱。
态度层面	感受陪伴孩子成长的美好。	感受到爸爸的爱和力量，始终在背后支持我们。

活动时间

五年级第二学期。

活动准备

（1）座位安排：全班共6组，每组3—4个家庭。

（2）视听媒体：视频《只有一句台词的短片》；歌曲《爸爸去哪儿（加油版）》；纯音乐《童年》（班德瑞）。

（3）照片收集：每个家庭提供2—3张爸爸与孩子的合影，并制作成相册《爸爸在这儿》。

（4）绘本处理：要求孩子在课前用准备好的模板画心目中的爸爸，铅笔打底，再用彩笔上色，或者直接用彩笔画，并完成一句话的填空，最后制作成自创绘本《我心目中的爸爸》。

（5）材料准备：每个孩子写《给爸爸的一封信》。将自己的作品《我心目中的爸爸》《给爸爸的一封信》两份纸质材料，装入大信封，作为送给爸爸的礼物。每个孩子1个游戏眼罩。

活动过程

一、相簿时光：与爸爸一起的时光

（一）播放相册《爸爸在这儿》

欣赏亲子相册《爸爸在这儿》。（背景音乐：《爸爸去哪儿（加油版）》）

家长发来的照片内容丰富，有旅游的，有运动的，有游戏打闹的，很真实，很温馨。制作成相册在课堂上播放的时候，大家都很激动，原来孩子和爸爸一起也有过很多温馨美好的时光。

（二）分享快乐时光

操作方式：请3—4组亲子分享照片，爸爸介绍照片拍摄时的情况，孩子分享自己当时的心情。亲子照片放映时，请一个孩子背对幻灯，随机喊停，抽取照片。请照片中的父子或父女分享照片故事和当时的心情。

随机喊停的环节好像现场抽大奖，被抽到的家庭又惊又喜。一位爸爸介绍说:"这是女儿到我店里玩,刚好我比较有空,就抱起了她,她一边挣扎,一边撒娇。她妈妈顺手拍了下来。"孩子则说:"爸爸抱着我,其实我也不想逃,就觉得很好玩,很开心。"

另一位爸爸分享道:"这是我们全家去舟山旅游时拍的一张照片。因为我们平常比较忙,这次旅游是我们几个要好的朋友约好的自驾游,机会比较难得。这次游玩印象很深刻,觉得特别珍贵和开心。我想,以后有空要带孩子多出去玩玩。"而孩子说:"这次旅游真的特别开心,我喜欢和爸爸在一起。"

过渡:与爸爸在一起的时光,真的很开心。在每个孩子的心目中,爸爸有着无与伦比的地位。接下来,我们一起来欣赏自创绘本《我心目中的爸爸》。

> **设计意图**:现场播放亲子照片创设温馨的氛围,通过分享照片中定格的幸福画面,让亲子共同回忆和爸爸在一起的美好时光,拉近爸爸与孩子的距离。

二、绘本时间:我想要的爸爸

(一)呈现自创绘本《我心目中的爸爸》

绘本内容:孩子们画了各自心目中的爸爸。有的孩子直接写实,展现了和爸爸一起的美好时光,有画爸爸和自己牵手的,有画工作中的爸爸的,也有画在家听歌的爸爸的,还有一些孩子画了一座山、一个盾牌、一棵大树来代表爸爸。

《爸爸在这儿》素材

幻灯片一张张展示孩子们课前画的作品。每个孩子都用自己的方式呈现了自己心目中的爸爸。看着这些照片,爸爸们有惊喜、有意外、有感动,更有思考。

(二)分享感受

请爸爸分享看到孩子们心目中的爸爸形象,有什么感受。

课堂上展示父女手牵手的作品时,爸爸举手示意说:"这一幅我第一眼就感觉是我。"在女儿的画中,爸爸很可爱,女儿很开心,爸爸和女儿的嘴笑得一模一样。这样的心有灵犀,来自生活中的彼此关心和陪伴,同时也显示了父女亲情。

还有个孩子画的是《拿工具的爸爸》。孩子很难为情地说:"我也不知道什么意思,我就随便画画。"询问爸爸,爸爸想了下说:"好像是前年的事吧,我带他到单位去玩的时候,我正好拿了螺丝刀和扳手修理一样东西。具体什么东西我都不记得了。没想到这样一件小事,给孩子留下了如此深刻的记忆。"作为爸爸,陪伴孩子一起做的事情,无论多小,可能对孩子来说,都会有很深的印象。

有个孩子画的爸爸很高大,很特别,耳朵上有两根线,有点像项链。孩子说:"我爸爸工作很辛苦,平常爱玩手机,爱听音乐。"看到自己在女儿心中的形象这么高大魁梧,这位爸爸很感动。他说:"我女儿特别乖,特别懂事,也很孝顺。平常我工作很忙,她学习上很自觉。说真的,对女儿照顾很少,以后我会挤出更多的时间陪陪女儿。"陪伴有时候并不在于时间的多少,孩子更在乎爸爸的理解与鼓励。

在孩子们的作品中,也有些孩子用物品来代表爸爸。例如,有个孩子用一个盾牌代表爸爸。孩子自己也说不出为什么这么画。但是爸爸却悟出来了:"爸爸以后会像盾一样保护你。"

过渡:原来在孩子的眼里,每位爸爸是如此独特。爸爸是我们的保护神,是我们的雨伞,是我们的依靠。在孩子的成长过程中,爸爸是无法取代的。接下来,让我们一起来感受爸爸在身边的力量。

> **设计意图**:通过孩子自创绘本与亲子的感受分享,让孩子表达出自己心目中的爸爸,让爸爸了解到孩子对爱的不同需求。

三、游戏时间:爸爸在这儿

(一)游戏:我会接住你

操作方式:让孩子戴上眼罩,站上高凳,膝盖并拢,双手交叉抱住肩,爸爸站在孩子的正后方,距离以能接住倒下的孩子为宜。爸爸在孩子正后方张开双手准备接应。倒下之前,孩子请说"我要倒下来了",爸爸回答"好的,我就在这儿"。大家一起喊"1、2、3",孩子听到指令后成一条直线往后倒,爸爸接住孩子。

当戴上眼罩、站上高凳后,孩子们就有些紧张。有些孩子甚至用手去摸爸爸在哪儿,还有的大呼:"爸爸爸爸,你在哪里?"而爸爸们则一直在身边扶着孩子,或者用声音告诉孩子:"我在这儿!"倒下之前,有的孩子询问好几遍:"爸爸,你准备好了吗?我要倒下来了!爸爸,我真的要倒下来了!"当爸爸的回应声音足够响亮,口气足够坚定的时候,孩子就放心地倒下来。爸爸不但用语言,而且用行动告诉孩子,"爸爸就在你身后支持你"!其中有一对亲子,当孩子倒下,爸爸强有力地抱住孩子时,孩子一翻身也抱住了爸爸。这对父子就这样相拥在一起。爸爸和孩子间彼此的信任让这个游戏变得充满温情。

有意思的是,有对双胞胎和他们的爸爸参加了本次活动。两个孩子怀疑,爸爸能不能同时接住他们两个。在别人热火朝天地进行时,三个人陷入了僵局。后来他们商量着先一个个来,再试试两个一起来。当两个孩子倒下而爸爸同时接住时,他们高兴地欢呼起来!爸爸用实际行动告诉孩子,即使负担加倍,爸爸也会倾其所有,用尽全力去保护他们。

(二)分享:爸爸的力量

请爸爸和孩子分享刚才游戏过程中自己的内心感受。

很多孩子说,知道爸爸会接住自己,不过还是有一点点紧张和害怕。有个孩子说:"最后当我倒下的那一刻,我感受到两只有力的大手将我抱住,我的鼻子酸酸的。这让我想起有一次下特别大的雨,爸爸让我撑雨伞,自己却淋着那么大的雨,口里还一直念叨着'风从那边来,伞撑好点,别淋到雨,别感冒了'。"确实,生活中,爸爸用各种各样的方式为孩子遮风挡雨,保驾护航。还有个爸爸说:"其实自己也有些紧张,因为孩子倒下来,我绝对不能失手,绝对不能让孩子受伤。"这一倒,考验的是彼此间的信任,感受的是爸爸的责任和力量!

当然,在游戏中,也出现了配合不默契、差点出现危险"事故"的亲子。采访的时候,一位爸爸说:"孩子倒得太快了,我一下没注意,差点没接住。不过幸运的是,我就在孩子的身后,哪怕没接住,孩子也是倒在我的身上。"最后，还对着儿子说："我不专心都能够把你妥妥地接住，我要是专心点，都能接好几个你！"儿子刚才还有些后怕，可听爸爸这么说，也就释然了。儿子对爸爸说："你下次要对我专心点！"确实，无论什么情况，爸爸就在你身后；即使因为种种原因，没能接住你，爸爸也会用身体给你做肉垫。这就是爸爸的力量！

过渡：孩子们，游戏中，爸爸是我们背后的一座山，在生活中，爸爸就是一座山，在你遇到困难挫折时，不开心时，永远会紧紧地抱住你。也许，每个爸爸对待孩子的方式都不一样，但是每个爸爸都在尽全力保护着孩子。孩子们，记住，在我们的世界里，爸爸一直在这儿！

> 设计意图：游戏考验亲子间的配合和信任，带给亲子强烈的心理体验，让孩子在倒下的过程中，感受到爸爸在背后的爱和支持；让爸爸在接孩子的过程中，用行动去向孩子表达爱。

四、感悟时间：爸爸，我爱你

（一）爱的台词

欣赏视频《只有一句台词的短片》。视频从头至尾只有一句台词"爸爸"，网络点击量破千万。

提问孩子：短片中只有一句台词，是什么？

提问爸爸：看了视频，你有什么感受？

孩子们一下就喊出视频中的台词。一位爸爸分享的时候，声音有些颤抖，他看了这个视频很感动。"爸爸和孩子的感情是最深的，在他们最需要的时候，总会自然而然地想到爸爸，爸爸也会自然而然地伸出援助之手。孩子们，爸爸永远会保护你们的。"在这位爸爸发言的时候，全场都很安静地聆听，大家都有同感。爸爸们用掌声表达了他们共同的心声。

(二)爱的礼物

请孩子将装有信、爸爸画像的礼物袋送给爸爸,同时把平时想对爸爸说又没机会说的心里话和爸爸说一说。(背景音乐:班德瑞《童年》)

舒缓的音乐响起,孩子们将装有信、爸爸画像的礼物袋交给爸爸。爸爸们从袋中取出礼物并开始阅读。爸爸们或深思,或微笑。孩子们则安静地坐在爸爸的身旁,或微微一笑,或面带羞涩。

(三)爱的拥抱

亲爱的爸爸,请您前进一步,给孩子一个有力的、紧紧的拥抱。

当音乐响起,老师的指令发出后,爸爸将孩子紧紧地搂在怀里。有些孩子控制不住情绪,或默默流泪,或小声抽泣,爸爸们也红了眼眶,场面感人。

结语:孩子们,爸爸就是我们的大树,为我们遮风挡雨,伴我们一路前行。我们仰望他,崇拜他,也深爱他。我们的爸爸有不同的爱的方式,或友善,或严厉,但爸爸永远是我们身后保护和支持我们的人。爸爸今天能抽出宝贵的时间参加我们的活动,就是对我们最好的爱的表达。

爸爸们,非常感谢你们参加今天的活动。爸爸在孩子生命中具有非常重要的影响力。孩子一直需要你们,你们的陪伴对孩子的健康成长非常重要。这是他们对爱的需求。

> **设计意图:** 视频《只有一句台词的短片》用密集的镜头进行情感刺激,展现浓烈、强大的父爱。这也是整堂课的回顾和小结。爱的礼物和爱的拥抱环节将爱化为具体的、看得见的动作,让爸爸了解到孩子对父爱的需求,让孩子感受到爸爸一直在自己身边。

初中段 爸妈，我想对你们说

设计者：毕蓓蓓
指导者：蔡迎春

学情分析

青春期是每个人成长过程中的必经之路。随着性意识的觉醒，孩子们会对异性产生好奇和兴趣。孩子们希望自己在异性面前表现得更出色，展示自己的聪明才智和独特风采，以吸引对方，从而增强自身的价值感，也有些孩子对异性产生了青春萌动的好感。这些行为在家长看来很"奇怪"，很"神秘"。很多家长对孩子们"前所未有"的行为感到不安和焦虑，对孩子的同伴交往问题过于敏感，并在平时的教养方式中体现出来，从而激化了亲子矛盾。

本课以同伴交往为话题，通过讨论生活中的案例，探寻彼此的心理需求，帮助家长更平和地对待孩子的同伴交往，帮助孩子理解家长对于同伴交往的敏感与关注，引导孩子积极与父母讨论，从而促进亲子间的有效沟通。

活动对象

八年级学生及家长。

活动目标

目标	家长层面	学生层面
知识层面	了解到孩子已经进入青春期，同伴成为影响孩子成长的重要群体。	了解我们进入青春期后，父母对我们的同伴交往状态非常敏感。
能力层面	能够用平和的方式和孩子讨论同伴交往的话题。	能够和父母表达自己希望独立处理同伴关系的需求，但在遇到困惑时，能和父母讨论。
态度层面	尊重孩子同伴交往的需求，更坦然地面对。	更坦然地接受父母对我们同伴交往的关注。

> 活动时间

八年级第一学期。

> 活动准备

（1）座位安排：孩子和家长各3组，每组6—8人，孩子组与家长组一一对应。

（2）小品排练：根据现实生活中同伴来电引起的亲子冲突，编排小品《周末来电》。

（3）"自画像"制作：每个学生取1张A4纸，用蜡笔在纸上画一个小动物或者植物，这个小动物或者植物用来代表自己，并在背后写下4句提示性的话。

（4）视听媒体：MV《我想更懂你》。

（5）材料准备：2块移动黑板，放于教室两侧；每组1张大海报纸、1支黑色记号笔、1盒水彩笔。

> 活动过程

一、热身活动：猜猜我是谁

（一）亲子游戏

操作方式：请一个学生上台主持，现场随机抽取若干张"自画像"，呈现学生们画的小动物或植物，然后通过画背后的提示语，请家长和孩子来猜这个学生是谁。

在游戏的过程中，学生在听到前两句提示语时就纷纷举手，也有很多家长举手参与竞猜。只有一位举手竞猜的家长猜对了，其他都猜错了。几轮下来，家长举手的越来越少。活动现场热闹非凡，但好像完全变成了学生们的游戏。

（二）分享感受

请猜中者说说是怎么猜中的，同时请没猜中自己孩子的家长分享感受。

采访猜中答案的孩子时，孩子不但能够说明理由，还能够说出被猜同学一连串的特征。采访唯一一个猜中的家长时，家长说："因为孩子学小提琴，而且我知道他们班里只有她在学小提琴，所以就猜中了。"采访未猜中的家长时，很多家长表示一来不太知道孩子在学校的事情，二来孩子也不愿意与家长说，三来是孩子们反应太快了，还没等他们反应过来就已经结束了，看起来，孩子们对彼此更了解一些。

过渡：在刚才的游戏中，孩子们很快就能猜出画的是谁，而家长却猜不出自己的孩子。爸爸妈妈，随着孩子的成长，他们有了自己的空间和想法。我们与孩子之间变得有距离，而同伴成了更了解他们的人。在生活中，也因此发生各种状况，让我们一起来看看。

> 设计意图：通过"猜猜我是谁"的游戏，考察家长和同伴对孩子的了解程度，帮助家长认识到随着孩子的成长和生活空间的扩大，父母和孩子间有了距离，同伴有了更大的影响力。

二、话题聚焦：同伴交往惹烦恼

（一）我的心情谁知道

1. 小品表演《周末来电》

内容介绍：周五晚上，电话响了！

孩子接起电话：喂，对对，没错，好的，没事，拜拜！（做高兴状）

妈妈：儿子，刚才电话谁打来的？男的还是女的？

孩子：说了你也不认识。（做要走开状）

妈妈：等等，等等。（拦住）

孩子：干吗呀，我去写作业。（孩子坐到书桌前写作业，妈妈跟过来）

妈妈：是女同学吧！我刚隐隐听到声音挺好听的。她找你什么事情？

孩子：没什么事情，就是问一下作业。

妈妈：问作业？那她怎么不打给女同学？

（孩子不理妈妈）

妈妈：问你呢，怎么不说话！

孩子：因为我是课代表！（一字一句生气地说）

妈妈：她不会对你有意思吧？

孩子：妈，你这样有意思嘛！（把老妈推出去，做关门状）

妈妈：你这什么态度！我就是关心你几句！

（孩子重重地摔门，把自己关进房间）

2. 亲子心情分享

提问家长：你觉得妈妈的烦恼是什么？

提问孩子：你觉得儿子的烦恼是什么？

现场表演小品，来源于生活的情景表演引起了全场的共鸣。家长们认为案例里的妈妈担心孩子早恋，交错朋友，从而影响学习。孩子不愿意和家长说，家长对孩子越来越不了解，这让家长感觉很焦虑。有位妈妈站起来说："每次有男同学的电话，我问两句吧，孩子就不高兴，说我疑神疑鬼的，不相信她；我不问吧，看她神采飞扬的表情，我自己又担心，女儿也不和我说。我真是不知道怎么和孩子交流。"这位妈妈的观点引起了大家的共鸣，很多家长纷纷点头，有的还小声议论起来。

而孩子组认为烦恼是家长管得太严了，什么事情都要问。有个男生说："每周回一次家，我妈老是缠着我问这问那，偶尔同学打个电话，还非得问清楚是男是女，他们这样太不信任我们了！而且他们问的时候，那种表情根本就是不相信男女生之间纯洁的友谊。这样的感觉让我们无法与家长沟通，我们之间不是存在代沟，而是中间隔了一个太平洋。"这个说法引起大家哄堂大笑。看起来，亲子双方在沟通方面的烦恼还是普遍存在的。

（二）我的想法我来说

操作方式：采用小组讨论的方式进行。家长组的话题是"基于我们的烦恼，我希望孩子这样做"，孩子组的话题是"基于我们的烦恼，我希望爸妈这样做"。讨论结果记录在各自的海报第一列。小组讨论并完成海报后，各自贴到教室两边的移动黑板上展现。每个小组选派一个代表进行全班分享，表达本组成员的共同需求。

在这个环节，亲子双方真实开放地表达了自己的需求。三个家长组代表上来汇报的时候，都提到了希望孩子能和自己多沟通，能把自己心里的想法告诉家长。有个妈妈补充说："儿子现在住校，每周回来一次，我多么希望他能把他这一周经历的有趣的事情、遇到的困难、想做的事情，特别是好朋友之间的事情，都和我们讲讲，好让我们能够更加了解他。"除此之外家长们还希望孩子在学校里能够把主要精力放在学习上，回到家也不要老是拿着手机和别人聊天。看起来，家长们最大的需求是希望孩子与自己聊聊班里的同学、好朋友，其次是希望孩子管理好自己的学习生活，不要把过多的精力放在和朋友聊天上。

《爸妈，我想对你们说》素材

与家长组类似的是，孩子对家长也有一些共同的需求。三个孩子组书写的海报中，第一点都是希望家长能够语气委婉一点，温和一点，特别是在发生矛盾的时候。刚刚提到亲子之间隔了一个"太平洋"的男生补充说，希望妈妈遇到事情的时候，先了解情况，再下判断。第二点是希望家长不要唠叨。第三点是希望家长不要管太多，给孩子一定的自由空间，包括自由支配的时间和与小伙伴出去玩的自由。有意思的是，在分享环节，一个孩子代表全组表达需求的时候，这个孩子的妈妈按捺不住情绪，现场反驳，亲子双方真实还原家庭冲突现场，进行了激烈的"辩论"。这个过程中，有位家长打圆场说："其实孩子也只是从他的角度出发表达需求，而妈妈呢，可能现阶段特别辛苦，无法满足孩子的需求，也在向孩子解释并表达自己的想法，其实大家都没错。"这时，老师跟进表达了自己的感受和想法："刚刚的场面，虽然看起来是争论，也有些激烈，但是至少我们双方能够表达出自己的想法与需求，而这恰恰是沟通开始的第一步。"

过渡：看来，我们对彼此的要求还是有些差异。爸爸妈妈只是希望孩子们能够多告知一些信息，好放心。孩子们只是希望父母能够多给自己一些空间和信任。我们常常只是站在自己的角度，觉得要求是合理的。而实际上，另一方可能有不同的想法，并为之烦恼。接下来，让我们互换海报，听听对方的想法。

> **设计意图**：通过小品表演及讨论，帮助亲子双方了解现实生活中因同伴交往产生亲子冲突时对方的烦恼与担心；通过"我的想法我来说"的需求表达，帮助家长了解孩子希望独立处理同伴关系的需求，帮助孩子理解家长对同伴交往的敏感与关注。

三、探讨分享：敲开对方的心门

（一）了解需求，星级点评

操作方式：对应的家长组和孩子组交换海报，了解对方希望自己做到的内容。用星星来点评自己对这些要求的达成度，完全可以做到的打 5 颗星，完全不能做到的没有星。星星点评在海报的第二列。简要阐述理由，并将关键词记录在海报的第三列。完成后，家长组和孩子组分别在各自的移动黑板上粘贴海报，并选派一个代表进行全班分享。

当老师要求家长组和孩子组交换海报的时候，全场一下子就闹腾起来。很多孩子忍不住喊了一声"啊！"，潜台词仿佛在说早知道要交换，刚才就不那么写了！看来，在生活中，孩子们很少会像在课堂上那样真实地表达自己内心的需求。或许是不敢表达，又或许是不想表达。

从星级评分情况来看，孩子们对家长们提出的需求除了在多沟通这一点上评分较低，其他在学习和生活上的需求基本给 4 颗星或者 5 颗星。孩子们说："父母希望我们在家少拿着手机与朋友聊天，能够把学习放在第一位，是希望以后我们能够有出息，父母的要求合情合理。"所以孩子们纷纷表示努力在生活中做到。至于多与父母聊聊学校的同学朋友这一点，孩子们觉得父母要求把学校里发生的学习、生活中的事情都告诉他们，第一太烦了，第二也没有时间。有个孩子补充说，其实有的时候和他们说了，他们也不理解，还会引起父母不必要的误会。所以，一组打了 3 颗星，一组打了 2 颗星。

对于孩子希望家长态度能够温和点、不要唠叨的需求，全体家长都给了 5

颗星。有个妈妈说:"自己平时的工作压力很大,回家看到儿子一天到晚玩手机,就心情不好,发脾气,唠唠叨叨,我也知道这样不好,也在慢慢调整。"听了这番真诚的述说,孩子们眼里流露出理解。至于孩子们提出的"要隐私空间""要自由地与同伴交往"的要求,家长们只给了2—3颗星。因为家长觉得虽然孩子大了,但是毕竟是未成年人,还处于稚嫩的三观形成时期,对于是非还不能很好辨别。有个爸爸直接表示不给星:"现在社会这么复杂,孩子正处在青春期,如果家长不管,很容易被别人带坏了!"老师问爸爸什么时候会放心儿子,这个爸爸说至少到他读大学的时候,后又补充说"他再大,我也总要操心的"。看来,在父亲眼里,孩子永远是孩子,而由于青春期的特点,父母更加关注孩子的交友问题。

(二)面对分歧,积极协商

针对3颗星以下的需求进行追问与全班讨论,话题是"有没有更合理并且让我们亲子双方都满意的做法"。

家长组和孩子组各有一点需求未得到对方的认可,甚至让对方觉得不合情理。第一点是家长组提出的希望孩子能够多与父母交流,让父母充分了解孩子的交友情况。有个男生反驳道:"我又不是小学生了,还让我事事都报告!"这么一说,家长们竟也觉得无言以对,确实在理。过一会儿,男生妈妈接话说:"那也总得让我们知道你在学校里的事情吧!至少是与同学发生矛盾了、不开心的事情,我们总比你们要多吃了几年饭,可以和你们一起讨论怎样更好地与别人相处啊!"男孩不作声了,其他孩子默默点头,表示认同。

第二点是孩子组提出的希望父母多给予一些自由空间,包括自由支配的时间、与小伙伴出去玩的自由。孩子对于家长陈述的理由,特别是那个1颗星都不给的爸爸所说的理由,非常不赞同。很多孩子表示,如果到了大学甚至工作以后,父母都不放心,那岂不是孩子一直都没有自由了!还有,自己现在交的好朋友一般都是学校里的,和社会上是不一样的!孩子们你一言我一语地陈述着自己的观点。有个妈妈举手说:"孩子们,你们不懂家长的心,有时候我们问这问那不是怀疑,只是表达我们对你们的关心和担心,其实只要让我们知道一些必要的情况,不让我们担心,我们也不会刨根问底,也愿意尊重你们的隐私。"刚刚慷慨激昂陈述理由的那些孩子默默点头，表示认同。

过渡：刚刚，我们对亲子双方提出的需求进行了评估，并给予了积极的回应。面对不同的想法，我们也能在表达自己需求的同时，倾听对方的心声，并尽可能通过讨论，达成共识。相信，在今后的生活中，我们也能如此。因为，我们都有共同的需求——我想更懂你！

设计意图：通过星级点评，帮助亲子双方了解对方对自己所表达需求的态度；通过全班讨论，帮助亲子双方学习在面对分歧时，倾听对方的想法，通过更平和的方式积极协商，最终达成共识。

四、梳理感悟：亲爱的，我想对你说

（一）分享MV《我想更懂你》

歌词内容节选：（妈妈）每次我想更懂你，我们却更有距离，是不是都用错言语，也用错了表情。其实我想更懂你，不是为了抓紧你，我只是怕你会忘记，有人永远爱着你。

（儿子）请你听听我的真心话，你每天看着我长大，但你是否了解我内心矛盾的对话。我需要真正了解我的人，为我进行解救。看我其实没那么好战，我也希望说话可以婉转不让你心烦，对你开口好难我想要无话不谈，我好想回到过去看你微笑摸摸我的头，这就是我的内心，请你仔细地剖。

看着MV中的亲子对唱，家长和孩子都沉浸其中。音乐的魔力引起了亲子的共鸣，触发了彼此最真挚的情感，那就是无论我们以怎么样的方式对话，我们只是想更懂彼此。

（二）亲子互诉衷肠

操作方式：请在纸上写下最想对对方说的一句话。写完后站起来，走到对方身边，把小纸条递给对方。如果可以，当面说出你的那句话，也可以交换看完后，聊一聊，或者用肢体来表达。

亲爱的爸妈，我想对你们说：_____。

亲爱的孩子，我想对你说：_____。

亲子一起默默地书写着最想对对方表达的话。写得快的一方，望望对方是否写好，当彼此确认过眼神后，就走到一起，向对方述说。有些说着说着，就抱在了一起。课堂上，静静流淌着温情和美好。哪怕是刚才那对激烈辩论的母女，也冷静下来，交换了纸条，默默看着对方写在纸上的话。生活中，当我们无法很好地说出自己真实想法的时候，可以采用文字的形式表达。表达自己的需求，了解对方的想法，才能促进关系的和谐。

孩子说："亲爱的爸爸妈妈，可能我在你们眼里永远都是孩子，但是你放心，我会慢慢长大慢慢成熟，请一定相信我！爸爸妈妈，我想对你们说，我知道你们的一切唠叨都是为了我，可是我有时候也会莫名地发脾气，请原谅我！"

家长说："亲爱的宝贝，原来我还把你当成小小孩，总是要求你这样那样，其实我知道，你已经长大了！亲爱的孩子，不管我们隔着几个'太平洋'，我依然在这里守护你！"

结语：今天，在我们的课堂上出现了家长和孩子两大阵营的激烈辩论。孩子和爸爸妈妈在某些观点上可能会有分歧，但是特别高兴的是我们彼此都真诚真实地表达了自己的需求。这是良好沟通的第一步。

我们相互爱着对方，但是很多时候，却不懂对方行为语言背后的深意，或者有的时候会带着各种情绪进行沟通。"我想更懂你"，是我们亲子双方共同的心声。在生活中，我们也要试着多去学习怎样更好地表达需求，以及读懂对方的需求。就像刚才家长说的，有冲突很正常，但我们可以一起努力，一起成长。

设计意图：通过 MV《我想更懂你》，帮助亲子双方梳理感悟，再次聆听对方的需求并感受不被理解带来的困扰；通过亲子互述衷肠，帮助亲子双方回归自身实际，一对一用书面的语言表达自己的需求，从而促进亲子的沟通。

学会沟通系列

学会沟通
系列解读

基于成长的需求,如何帮助父母和孩子更好地沟通呢?更有效的沟通应该是双向的。学会沟通系列四节课:小学低段,帮助父母学习在沟通时,首先要倾听孩子的心声;小学中段,学习用孩子喜欢的方式表达爱,让孩子"看见"爱;到了小学高段,学习用青春期孩子易于接受的方式来讨论问题,好好说话;初中段,学习换位,站在孩子的立场理解他们的行为和感受。

《心要让你听见》:常常听到家长抱怨孩子"不听话、闹脾气、老是插嘴,或者一说就哭、跟他说话不理人"。但家长是否曾静下心来,真正听懂过孩子们的表达?在亲子沟通中,学会倾听非常重要。如何帮助父母学习允许孩子说、用心听孩子说?我们通过故事《不被倾听的嘉嘉》的分享,了解到孩子想要别人用心听他说话,但在生活中却常被忽略;通过"你说我听"的游戏和来自孩子自创的画作《我很生气》,感受到每个人都期待被倾听,当对方心不在焉或者说话总是被打断、否认时,会很不舒服;通过"你说,我该怎么做"的讨论和"你说我会用心听"的练习,学习在交流时,不插嘴、不打断、积极地回应,用心倾听,并鼓励孩子表达自己的感受,无论好坏;最后,续读嘉嘉的故事,再一次感悟到父母用心倾听、孩子勇敢表达很重要。

《爱要让你看见》:四年级的孩子,不再轻易地顺从他人,但很多家长仍采用说教的方式进行教育,导致孩子认为家长不爱他,用激烈的方式来对抗,亲子间产生矛盾。如何帮助亲子基于对方的需求表达爱,让亲子"看见"爱?我们通过相册《爱的故事》和亲子"爱的叙说",感受到爱就在身边,就在平平常常的生活中;通过阅读绘本片段"爱有多长"展开想象,通过阅读绘本片段"爱得上蹿下跳"回忆爱的行动,亲子现场比爱,读懂对方通过言语和行为表达的爱,感受亲子爱的不同表达;通过"爸爸妈妈不爱我"课前调查的呈现和"到底是不是爱"的讨论,了解到爱的传递会出错,不当的表达会让孩子感觉不到父母的爱,学习了解和接纳孩子的需求,更好地表达爱;最后,通过绘本片段"爱有多深"的呈现和爱心卡的制作，亲子一起规划今后生活中爱的行动，让深深的爱被"看见"。

《好好说话》：六年级的孩子变得有些自我和小叛逆，情绪又容易冲动。父母也常受孩子情绪的影响，用强硬的态度与专横的语气"以暴制暴"。亲子常常因为没有好好说话而冲突不断，陷入冷战、对立，甚至关系僵化。如何帮助亲子更好地进行言语的沟通？我们通过抱团组建"临时家庭"，不同家庭的家长、孩子的一分钟话题聊天，感受到好好说话带来的亲近关系和愉悦感；通过"孩子被冤枉引发冲突"的视频片段引发亲子换位思考，了解到青春期的孩子更期待被平等地对待，感受到话语不当会伤人；通过呈现生气的典型场景，以及"希望对方怎么做"和"我可以怎么做"的话题讨论，表达亲子各自的诉求，将孩子作为独立平等的个体进行沟通，并商讨解决话语如何不伤人；最后，回到课前写下的生气场景，亲子运用课堂所学，用对方易于接受的方式重新进行沟通，练习好好说话。

《如果我是你》：初二的孩子，成人感和独立意识更加强烈，希望能像成年人一样受到尊重。但因行为处事仍不成熟，总受到父母的质疑。亲子关系从原先的亲密无间到青春期的磕磕绊绊，冲突加剧。如何帮助亲子设身处地体会对方的感受，更好地理解对方？我们通过对比亲子小时候和近期的合照，感受到随着孩子的成长，父母慢慢变老，而且亲子关系也变得有距离；通过亲子冲突场景的呈现和"你说我听"的换位体验，感受到只从自己的立场出发的沟通会让对方不舒服，学习表达自己的感受并换位理解对方；通过"你的过去我的未来"更好地代入对方的角色，如果我是你，换位表达"我们的期待"，读懂彼此的需要，明白从对方的需求出发才能实现更好地沟通和相处；最后，分享诗歌《你的儿女其实不是你的》和歌曲《当你老了》，梳理感悟，孩子体会为人父母的不易，父母认识到孩子终究要长大，成为他自己。

"我想更懂你，但很多时候，用错言语，也用错了表情。"学会沟通系列四节课，帮助父母学习"倾听、表达、好好说话、换位思考"，与孩子更好地沟通，更好地理解生命成长的需求。

小学低段 心要让你听见

设计者：沈 赟　郎 萍
指导者：蔡迎春　何咏梅

学情分析

常常听到家长说，"我的孩子真不听话""我的孩子常常闹脾气""我的孩子一说就哭""我的孩子跟他讲话都不理我们"。我们常常要求孩子耐心听完成人的表达，不插嘴；常常希望孩子顺着成人的心意，不违逆；我们对孩子有诸多的要求。可是，我们是否曾静下心来，真正听懂过孩子们的表达？在亲子沟通中，学会倾听是非常重要的。

本课聚焦沟通中的倾听，通过绘本阅读、小组讨论、感受分享、亲子练习等方式，让家长了解在与孩子沟通时，倾听很重要，能够允许孩子表达自己的想法，并积极回应。让孩子懂得，在与父母交流时，表达自己的想法很重要，能够积极表达自己的想法。

活动对象

二年级学生及家长。

活动目标

目标	家长层面	学生层面
知识层面	了解在与孩子沟通时，首先需要倾听。	了解在与父母沟通时，表达自己的想法是很重要的。
能力层面	能够用心倾听孩子的心声，而不是心不在焉，总是打断或者否认孩子的想法。	能够把与父母沟通的感受真实地表达出来，无论好坏。
态度层面	允许孩子表达自己的想法，并积极回应。	积极表达自己的想法。

(活动时间)

　　二年级第一学期。

(活动准备)

　　（1）座位安排：全班分为6组，每组3—4个家庭。

　　（2）课前调查：亲子沟通中，爸爸妈妈曾经做出一些让孩子不舒服、难过、生气甚至是愤怒的行为，请学生用绘画的形式把相关场景记录下来，配以文字，并用PPT制作成作品集《我很生气》。

　　（3）视听媒体：纯音乐《春野》。

　　（4）材料准备：1张海报纸，每组1张A3纸、6支记号笔。

　　（5）课前约定：《你说我听》活动的事先约定。学生按任务分为A、B两组，其中，第一、二、三组为A组，第四、五、六组为B组。在与家长交流时，A组学生的任务是东张西望，心不在焉。B组学生的任务是经常打断家长，不断发表反对意见。

(活动过程)

一、故事导入：你能听到我说话吗？

　　（一）呈现故事《不被倾听的嘉嘉》

　　故事内容：嘉嘉是一个二年级的小女生。从小在爷爷奶奶爸爸妈妈的呵护下幸福成长。一大家子生活在一起热热闹闹的，但她总是不开心，因为没有人认真听她说话。在一个周六的早上，嘉嘉对妈妈说："今天，我想去公园喂鱼。"妈妈说："嘉嘉，早饭要一个包子，还是两个包子呢？"嘉嘉说："给我一个吧！"妈妈却说："两个吧！多吃点。"

　　嘉嘉对爷爷奶奶说："今天，我想去公园喂鱼。"奶奶说："我打算给你买条新裙子。你想要什么颜色？粉红色还是蓝色？"嘉嘉说："粉红色吧。"奶奶说："蓝色更好看。"爷爷接着说："蓝色好，像大海蓝天，看着心情舒畅。"

中饭后，嘉嘉对爸爸说："今天，我想去公园喂鱼。"爸爸说："你是不是要去爬山啊？"嘉嘉说："不，我想去公园喂鱼。"爸爸说："爬山好，锻炼身体！"

嘉嘉想，我说的是"想去公园喂鱼"。到底有没有人听见啊？我真希望有人能听见。嘉嘉很生气，独自离开了家，一个人去公园喂鱼。她对着鱼儿说："鱼儿鱼儿，你能听见我说话吗？"

没有一个家人用心听嘉嘉讲话。呈现嘉嘉的故事时，现场一点声音都没有，家长和孩子都看得很认真。

（二）分享感受

提问孩子：嘉嘉此时的心情是怎样的？她想要的是什么？

提问家长：你们想到了什么？

在感受分享时，孩子们都觉得嘉嘉会很伤心很难过。她很想去公园喂鱼，很想要有人听她说话，可是爸爸妈妈、爷爷奶奶总是听不见或讲他们自己的。家长们很有感触。有位爸爸说："我们平时在生活中总是对孩子有很多的要求，却没有去听孩子到底需要什么。"一位妈妈感叹："我们家长常常很会说，但却忽略了听。"

过渡：嘉嘉想要有人用心听她说话，可是没有，她很难过。故事中这样的情形，在我们的生活中有发生过吗？今天，我们要交流的，就是关于倾听的话题。接下来，我们来玩一个与倾听有关的小游戏。

> **设计意图**：故事《不被倾听的嘉嘉》，让亲子初步感受到没有人倾听时的难过心情。通过分享感受，让家长了解到，孩子想要有人用心听他说话，但在生活中却常被忽略。

二、活动体悟：我们期待被倾听

（一）你说我听

操作方式：家长与孩子说一说周末的安排，话题是"这个双休日打算怎过"。家长说话时，孩子按课前约定表现。其中 A 组孩子的任务是东张西望，心不在焉。B 组孩子的任务是经常打断家长，不断发表反对意见。时间为 1 分钟。

提问家长：在刚刚的活动中，你有什么感受？

A 组家长说孩子心不在焉、东张西望的样子让他们不舒服、不高兴。有一位家长说孩子没有认真听，让他很不开心。B 组家长讲到孩子们老是打断自己说话，不断地发表反对意见，让他们感觉被冒犯了，就像在对抗一样，很生气，没有办法继续聊下去。

在分享感受后，老师告知家长刚才孩子们的表现是课前布置的任务。有一位爸爸忍不住说："刚才真是被气坏了。但经历这样一个过程后，的确感悟到，当与别人交流时，如果对方心不在焉或者常常打断你，说话者会感到不舒服、难过，甚至是愤怒。"其他家长也深有同感。这时，老师进一步追问："当我们和孩子说话时，孩子不认真听，我们会很难受，很不开心。那么在家里，孩子想和家长说话时，爸爸妈妈的一些行为会不会也让孩子很不舒服呢？"家长开始反思。

（二）童画诉心声

1. 呈现画作《我很生气》

内容简介：课前调查结果发现，在亲子沟通时，爸爸妈妈曾经做出一些让孩子感觉不舒服、难过、生气甚至是愤怒的行为。孩子用绘画的形式把场景记录下来，配以文字，并用 PPT 制作成作品集《我很生气》。

2. 分享感受

提问孩子：你看到了什么？如果你是画作中的孩子，你有什么感受？

提问家长：看了孩子的画作后，你有什么想说的呢？

教室里落针可闻，亲子专注地看着一页页的画面。好几个孩子的作品中都呈现了手机这个元素，孩子和家长说话，家长在一边玩手机，有的家长对孩子说等一会儿，有的说到一边玩去，还有的干脆不理。在画面上还能看到孩子画的怒火，有的孩子还在边上附上了旁白："我好生气，我还不如手机。"有一个孩子呈现的画面是：孩子和妈妈说想要报奥数兴趣班，妈妈叉着腰说必须选择英语和作文。还有一个孩子画了一位拿着大喇叭的爸爸，那位爸爸在喊："为什么不听我的主意！"

看了画作《我很生气》，现场很安静。当被问到感受时，孩子们说如果他们是画作中的主人公，他们会很失落，很难过，很伤心，很愤怒。

孩子的回答让很多家长都流露出歉疚的神情。有位家长反思说："是我们的心不在焉伤害了孩子。"有位妈妈说："我们对孩子要求太多，却没有认真听孩子讲话，认为这些都理所当然，却没有想到孩子是那么的难过。"

过渡：爸爸妈妈，与孩子聊天时，如果我们心不在焉，或者在聊天的过程中总是打断他们，孩子也是会难过的。原来，他们与我们有一样的感受。那么，当对方在说话的时候，怎么样做，才能让对方有好的感觉呢？

> **设计意图：**"你说我听"环节让家长感受到当不被用心倾听时，自己会感觉很不舒服。"童画诉心声"环节让家长重回生活中没有用心听孩子说话的场景，了解到孩子也会有不好的感受，从而反思自己的行为。

三、小组探究：心要让你听得见

（一）你说，我该怎么做

1. 小组讨论

操作方式：组内讨论，话题是"当对方在说话的时候，怎么样做，才能让对方有好的感觉"。讨论完成后，把方法记录在A3纸上。（背景音乐《春野》）

2. 全班分享

小组派代表把A3纸粘贴在大海报上，与全班分享。

在亲子小组讨论的过程中，大家都很投入，背景音乐结束了，还有家长在说自己的想法或奋笔疾书。当对方在说话的时候，怎么样做，才能让对方有好的感觉呢？有一个小组提到一定要带上三颗心——耐心、用心、专心；有个小组提到在听人说话时要表现出亲切的样子，要看着对方的眼睛；有个小组特别强调不随意插嘴，不打断，要等别人先把话说完。小组之间提到的方法并不相同，但有一点大家都提到了，那就是用心听，带上一颗心，专注地听。

（二）你说我会用心听

1. 亲子练习

操作方式：家长运用学到的倾听方法与孩子交流。孩子说，家长听，从两个话题中选择一个进行交流。话题为"周末，你最喜欢安排哪些活动，为什么？"及"你最近读了什么书？哪些内容吸引你？"。时间2分钟。

2. 感受分享

提问孩子：刚刚和爸爸妈妈聊天时，感觉如何？

这次交流，有了前面方法的引导，很多家长在听孩子说话的时候脸上笑眯眯的，有几个家长拉着孩子的手，有些家长还边听边点头。孩子们的脸上也洋溢着愉悦的笑容，教室里气氛融洽。

聊天后，孩子们说很开心，很高兴。有孩子说："刚刚在聊天时，妈妈的眼睛看着我，让我把话说完，我很开心。"有个小女孩说："爸爸刚才不玩手机，那么认真地听我说话，我好开心，就像吃了棒棒糖一样。"还有孩子用自己的表情表达了自己的愉悦心情，现场一片欢乐。听了孩子们的感受分享，有位妈妈说自己也很开心，有位爸爸说以后会继续努力，会更用心地听孩子说话。

但是，有个孩子的反馈是"还行吧"。从他的语气里，我们感受到他对这次聊天并不满意。问原因时，孩子的感觉是爸爸还是心不在焉，没有认真听他说话。老师追问全班同学："爸爸妈妈没有认真倾听，我们该怎么办？"教室里有一瞬的安静，孩子们歪着脑袋，认真地思考。家长也陷入沉思。

这时，老师回应："刚刚聊天有好的感觉时，同学们用语言把它表达出来了。那当我们有不好的感觉时，也可以勇敢地表达出来。可以告诉爸爸妈妈，你的眼睛没有看着我，我很难过。你没有让我把话说完，我很难过。""我感受、我表达"的练习，让孩子们学习在与家长交流时，更好地表达自己的感受。

过渡：在听别人说话的时候，带上一颗心，认真地倾听。不插嘴，不打断，积极地回应，能让对方有更好的感觉。孩子们，爸爸妈妈愿意让我们有好的感觉，愿意静下心来，听我们讲话。那嘉嘉的心声，有人能够听到吗？让我们一起再来续读嘉嘉的故事！

> 设计意图："你说,我该怎么做"的小组讨论,让亲子了解到在交流时用心倾听才能让对方有好的感觉。"你说我会用心听"的练习,让亲子将所学运用到实际。"我感受、我表达"的引入,让孩子学习表达自己的感受,无论好坏。

四、迁移运用:有人听见真开心

(一)续编故事《有人倾听的嘉嘉》

故事内容:傍晚的时候,爸爸妈妈在公园里找到了嘉嘉。爸爸对嘉嘉说:"你怎么到这里来了,也不和我们说一声,我们很担心你。"嘉嘉低下头,轻轻地说:"我说过的。"

提问家长:接下来,怎么做,能够让事情向好的方向发展?请爸爸妈妈运用学到的倾听方法来回应嘉嘉。

教室里有一瞬间的安静,一位妈妈站起身说:"宝贝,不好意思,我们没听清楚。以后,一定更认真地听你讲话。"一位爸爸说,以后在和孩子交流的时候,会放下手头的工作。老师追问:"孩子们,如果你是嘉嘉,爸爸妈妈这么说,你的感受有好一些吗?"孩子们纷纷点头。

"可是,在生活中,爸爸妈妈可能很忙,没有听清楚我们讲话。当别人没有听到我们说话时,我们可以怎么办?"老师继续追问。孩子们认为还有很多的方法可以让别人听到,一个孩子说可以再重复说一遍,一个孩子说可以讲得大声点。

(二)续读故事《大声表达的嘉嘉》

故事内容:妈妈蹲下来,抱了抱嘉嘉,说:"宝贝,妈妈没有认真听,忽略了你,对不起!"爸爸接着说:"宝贝,下次如果我们没有听清楚,你能再说一遍吗?"嘉嘉点点头,小声说:"爸爸妈妈,下次我们一起来公园喂鱼好吗?我想你们陪着我。""什么？爸爸没有听清，能再大声点吗？"嘉嘉抬起头，看着爸爸妈妈，大声地重复了一遍。"好的，我们下周六一起来喂鱼！"妈妈牵起嘉嘉的手，爸爸也点点头。嘉嘉的眼睛笑得弯了起来。

提问：故事讲完了，你学到了什么？

孩子说在遇到事情的时候可以大声地、勇敢地说出来，只要声音足够响亮，别人一定能听到。有位妈妈说，真的学到很多，原来孩子的内心是那么盼望有人能听见他的声音，以后真的要好好听孩子说话。

结语：嘉嘉最后勇敢地说出了自己的想法，爸爸妈妈也听到了她的心声。孩子们，当我们的声音没有被爸爸妈妈听到时，不妨尝试着大声一些，还可以尝试着勇敢地说出自己的感受。当然，离家出走不是好的方式，因为会遇到很多无法预料的危险，是不可以的。爸爸妈妈，每个孩子都希望有人听到他们的声音。在与孩子沟通时，首先需要倾听。愿我们都能带上一颗心，听到彼此的心声。

> 设计意图：通过续读嘉嘉的故事，梳理全课。让孩子进一步感受到在与父母沟通时，表达自己的感受很重要。让家长了解到孩子非常希望有人能用心听他说话，进一步感悟到倾听的重要性。

小学中段 爱要让你看见

设计者：毕蓓蓓
指导者：蔡迎春

学情分析

四年级的孩子，自我意识开始觉醒，有了一定的独立见解，不再轻易地顺从他人，但大部分家长并没有跟上孩子的成长，依旧采用说教的方式进行教育，导致孩子认为家长不爱自己，从而采取言辞争辩等激烈的方式对抗父母的管教，使亲子之间产生矛盾。因此，亲子双方需要重新寻找恰当的沟通方式，表达对彼此的爱，增进亲子间的关系。

本课聚焦亲子间爱的不同表达方式，通过绘本分享、亲子比拼以及小组讨论，帮助孩子感受并接纳父母在生活中平平常常的爱，帮助家长了解爱需要表达，并学习基于孩子的需求来表达爱。

活动对象

四年级学生及家长。

活动目标

目标	家长层面	学生层面
知识层面	了解到爱有很多种表达方式，爱需要表达，要让孩子"看见"。	了解到父母表达爱的方式可能不一样，但是大部分都落实在日常的生活中。
能力层面	能够读懂孩子对爱的需求，用孩子喜欢的方式表达的爱。	能够读懂父母对爱的不同表达。
态度层面	接纳孩子对爱的表达方式的不同需求。	接纳父母用不同方式表达爱。

活动时间

四年级第一学期。

> **活动准备**

（1）座位安排：全班分6组，每组3—4个家庭，亲子面对面就座。

（2）课前调查：在上课班级提前采集数据。问题是："你觉得，在生活中遇到哪些情况，你会觉得爸爸妈妈不爱你？"有的话，请写明具体情况；没有的话，写下"没有"二字。

（3）视听媒体：纯音乐《爸爸去哪儿》主题曲。

（4）照片收集：每个家庭提供1张高清亲子温情照片，并注明时间、地点、事件，以及代表当时感受的一句话，制作成相册《爱的故事》。

（5）材料准备：每人2张彩色小纸条（三分之一A4纸大小）、半张爱心卡，每对亲子的彩纸颜色一致。每组1张海报纸、1盒水彩笔、1卷双面胶。

（6）绘本处理：将绘本《猜猜我有多爱你》[①]截成三个片段，分别为"爱有多长""爱得上蹿下跳""爱有多深"。

> **活动过程**

一、暖身活动：爱在身边

（一）相册分享《爱的故事》

播放相册《爱的故事》，呈现在场家庭一张张温情的亲子照。（背景音乐：《爸爸去哪儿》主题曲）

伴随着音乐，看着大屏幕上投放的一张张亲子照片，一段段记录当时感受的文字，课堂上流动着浓浓的温情。在一张照片上，那么大个的儿子骑在爸爸的肩膀上，原来儿子从树上摘了野果，给爸爸看。爸爸说："只要和儿子在一起，任何时候都是幸福的！"又一张一家三口在希腊玩的照片，背景是蓝色的大海，文字是"小屁孩越来越不肯一起拍照了，现在能拍一张是一张！（妈妈）""哎呀呀，妈妈老是拍拍拍，真是烦人！（女儿）"。诸如此类平常又温暖

[①] 麦克布雷尼，婕朗.猜猜我有多爱你[M].梅子函，译.2版.济南：明天出版社，2013.

的家庭生活照片，呈现了亲子间浓浓的温情。确实，家长和孩子相互陪伴，一路成长，生活中充满着精彩和感动。

（二）亲子表达：爱的叙说

提问亲子：如果用一句话来表达爱，爱是＿＿＿＿＿＿＿＿＿＿＿＿＿＿。

用造句的方式，让家长和孩子表达生活中各种各样的爱。家长说：爱是每天再累，也要温柔地陪她聊聊学校里的事情；爱是带着起床气，去准备一顿富含糖类、蛋白质、纤维素再加各种维生素的早餐；爱是走到哪里无时无刻想着孩子的挂念！孩子说：爱是在妈妈做家务的时候帮她一起做；爱是老爸生日的时候，给老爸一个大大的拥抱；爱是爸爸把伞给我，自己浑身湿透，我很感动，我也爱爸爸。爱就在我们生活的细微之处，爱有各种各样的表达。

过渡：一组爱的照片传递着我们每一个家庭的丝丝温情和感动。刚才我们用心感受爱，发现爱存在于我们生活的细微之处。但有的时候，我们也可能会忽略和遗忘爱。所以，很多时候，爱需要各种各样的表达。这不，有个兔子家庭，就展开了一场爱的比拼。

> 设计意图：通过相册《爱的故事》，营造温馨的氛围，触发亲子间的温情，引入课堂主题。通过爱的叙说，帮助孩子感受到父母的爱就在平平常常的生活中；帮助家长感受到孩子对爱的各种表达。

二、亲子比拼：爱的各种表达

（一）爱的比喻

1. 呈现绘本片段"爱有多长"

绘本内容：临近睡觉时间，小栗色兔子抓住妈妈的耳朵说，"猜猜我有多爱你"。于是，小兔子与大兔子开始比爱。小兔子张开手臂比画，将自己倒立，把脚撑在树干上来表达对大兔子的爱。而大兔子也张开双臂，将小兔子抱起来甩过头顶,来表达对小兔子的爱。①

2. 亲子想象:爱的比喻

操作方式:爸爸妈妈和孩子展开想象,模仿绘本中大兔子和小兔子用长度比画对彼此的爱,独自在彩色小纸条上完成以下这句话,"我爱你,就像_____"。完成后,亲子在老师的指令下同时向对方亮出答案,并看着对方陈述这句话。最后提问亲子:听到对方对自己爱的比喻后,你想对对方说些什么?

看着小栗色兔子用张开手臂、举起手臂甚至倒立的蠢萌方式,来表达对大栗色兔子的爱意,家长和孩子露出了甜甜的微笑。看着大栗色兔子对小栗色兔子爱的回应,全场洋溢着暖暖的温情。轮到家长和孩子发挥想象、比喻爱的时候,大家兴趣盎然,跃跃欲试。

在这个环节中,亲子的想象力都很丰富,表达掷地有声、情真意切。亲子间用江、河、湖、海、天空等广袤的事物来比喻爱,也用粮食或生存环境来比喻爱。有对亲子说,"妈妈我爱你,就像火一样热烈","儿子我爱你,就像鱼离不开水"。有对亲子说,"爸爸我爱你,就像小鸟爱天空","女儿我爱你,就像鱼儿爱江河,彩虹爱阳光"。还有对亲子说,"老爸我爱你,就像老鼠爱大米","宝贝我爱你,就像大海一样深切"。原来,大声地向对方表达爱,是这么美好的感觉!有个妈妈听完孩子的表达,眼睛里默默闪着泪花。

最后被问及"听到对方对自己爱的比喻后,你想对对方说些什么"时,家长和孩子都有些小羞涩、有些小感动。听到儿子像火一样爱自己的时候,这位妈妈说:"宝贝,谢谢你这么热烈地爱我,我也爱你!"听到妈妈爱自己,就像彩虹爱阳光的女儿说:"妈妈你放心,我是光,我是电,我是你的'super star'!"听到女儿的豪言壮志,妈妈的脸上笑开了花。听到儿子说就像老鼠爱大米似的爱自己,老爸说:"儿子,老爸你随便吃,想吃多少吃多少,老爸努力增肥!"爸爸幽默的回应引起全场哄堂大笑!课堂上欢笑不断、温情流动。

(二)爱的行动

1. 呈现绘本片段"爱得上蹿下跳"

绘本内容:小兔子与大兔子继续比爱。跳一跳,跳得多高,就代表有多爱。

---

① 麦克布雷尼,婕朗.猜猜我有多爱你[M].梅子函,译.2版.济南:明天出版社,2013.

大兔子跳得那么高，耳朵都碰到树枝了，小兔子也好想跳那么高。①

2. 亲子比拼：爱的各种行动

操作方式：大兔子和小兔子用"上蹿下跳"的行动来表达对对方的爱。亲子双方回忆在生活中有哪些爱的行动，独自在彩色小纸条上完成以下这句话，"我爱你，例如_____"。写完后，亲子在老师的指令下同时向对方亮出答案，并看着对方陈述这句话。最后采访亲子，"听到对方的表达，你感受到爱了吗？如果感受到了，请用你自己的行动向对方表达爱"。

看着小栗色兔子上蹿下跳、聪明伶俐的样子，仿佛看到了我们的孩子天真烂漫的样子；看着大栗色兔子倾尽所有力气用力一跃，我们的家长何尝不是这样义无反顾地爱着孩子。

在完成"爱的行动"句型时，有的家长和孩子一口气写了好几句。家长说："孩子我爱你，每当你身体不适的时候，我宁愿那个人是我。我愿意为你承受一切的病痛，希望你永远健健康康、快快乐乐。孩子我爱你，例如我每个晚上都会爬起来好几次为你盖被子。我爱你，我愿意陪你下棋，陪你打球，陪你做任何你喜欢做的事情。"家长的爱落实在生活中的照顾和陪伴中。

一个孩子说："妈妈我爱你，例如我每天都认认真真地做好作业，因为我知道，你下班回来看到我写完作业就会很高兴。我爱你，就是每天愿意帮妈妈做一些家务，例如整理衣物或者打扫房子。"孩子们懂得爱爸爸妈妈的方式就是做好家长希望的事情。还有个孩子说："老爸我爱你，有一次你脚受伤在家休息，我很担心，我只能帮你端茶倒水。"

在爱的行动表达中，亲子双方听到对方的表达，自然而然地做出了回应。有的家长听到孩子的表达，用手摸摸孩子的头、肩膀。有几对亲子不知不觉把手拉在了一起。脚受伤的爸爸很腼腆，听到孩子这样的表述，问他感受到孩子的爱了吗，他点点头。要求爸爸用行动回应孩子时，他拍了拍儿子的肩膀，许久憋出一句话："我以后会小心点。"平常朴素的一句话似乎传递着歉意，但在这里却变成浓浓的爱意。这就是生活中我们用言语和行动堆积而成的爱的共鸣！

过渡：经过这轮爱的比拼，我们感受到了亲子间浓浓的爱意。家长对孩子的爱更多的是在生活中的照顾和陪伴。而孩子的爱更多的是做好爸爸妈妈希望

---

① 麦克布雷尼，婕朗. 猜猜我有多爱你[M]. 梅子涵，译. 2版. 济南：明天出版社，2013.

的事。亲子间爱的表达方式是不一样的，可是在生活中，孩子们有时候会觉得爸爸妈妈不爱他！让我们听听来自孩子的声音。

> 设计意图：通过分享绘本片段"爱有多长""爱得上蹿下跳"，引导亲子现场比爱，学会用言语和行动表达爱，帮助亲子读懂对方表达的爱，感受爱的温暖。

三、探讨分析：爱的错误传递

小组调整位置，分别形成对应的家长组和孩子组。

（一）调查呈现：爸爸妈妈不爱我

操作方式：课前，给每个孩子发放一张词条，要求孩子在词条上回答以下问题："你觉得，在生活中遇到哪些情况，你会觉得爸爸妈妈不爱你？"有的话，请写明具体情况。没有的话，写下"没有"二字上交。收集词条数据后，整理分析，总结"爸爸妈妈不爱我"的三大类情况。

课前，在班级中采集数据。首先询问孩子，爸爸妈妈爱不爱你？大家齐声说，爱！再问："有没有不爱你的时候？"也有很大的声音说："有！"本调查要求孩子回答："你觉得，在生活中遇到哪些情况，你会觉得爸爸妈妈不爱你？"有的话，请写明具体情况；没有的话，写下"没有"二字。

该班共48人，其中有19人写了"没有"，另外29人写了各种各样"爸爸妈妈不爱我"的情形。有个孩子用一张词条写不下，申请多要了一张。主要情况如下：19条写着父母打骂让孩子感觉父母不爱自己，其中11条是因为考试成绩不理想；还有11条来自生活中与父母的冲突事件，让孩子觉得父母不爱自己。

根据孩子们的心声，本调查归纳总结了三种孩子觉得爸爸妈妈不爱自己的情形：考试考得不好，被父母打骂；生活中的种种冲突，例如看电视、吃糖、不按时睡觉、不认真写作业的问题；被爸妈否定、骂笨等情形。

（二）小组探讨：到底是不是爱

操作方式：将《爸爸妈妈不爱我》的三类情况分到每个组中，每一类分别由一个家长组和对应的孩子组讨论。讨论问题：这种情况到底是不是爱？讨论完成后记录在海报纸上。每组派一个代表分享观点。

在课堂的讨论中，所有的家长组和孩子组都认为调查中呈现的情况，都是父母的爱！所有家长组的回答近乎相似。三类情况都是爱，只是表达方式不恰当。家长们认为，家长给予孩子的都是无条件的爱。但是有的时候甜言蜜语不是爱，鞭策苛责恰恰是用心良苦的表现。做父母的，应该注意方式方法，注意了解自己孩子的情况，要适应孩子，静待花开。这时，老师追问家长们："为什么写这类情况的孩子会觉得爸妈不爱他？"有位妈妈说："肯定是这个家长情绪很激动，态度很恶劣，这样可能让孩子误会了。"有位爸爸补充说："家长有的时候控制不住自己的脾气，好的用心也没有办法让孩子理解，最重要的是孩子感受这么差，教育效果也差。"前面那位妈妈接话说："看来，家长得好好研究孩子喜欢又有效的沟通方式。"

而孩子从父母的出发点考虑，认为那些情况的出现都是出于对孩子的关心，也是为了孩子的前途，指出不足是为了让孩子更加完美。老师追问一个小女孩："如果你是写纸条的那个人，父母骂你笨，你的心情会怎么样？"小女孩说："我会很伤心。但是我知道爸爸妈妈是为了我好，所以我虽然不喜欢，但是我还是会忍着的。"这就是孩子单纯和天真的爱！在场的家长包括我都为孩子这份单纯的爱而动容！这个小女孩的妈妈站起来说："妈妈有时候脾气不好，希望你不要忍着，说出来妈妈可以改的。"家长们为这位妈妈的回应鼓起了掌。有家长补充说："看来家长要去了解孩子，以孩子喜欢的方式沟通，才不至于良苦用心被误解。"

过渡：孩子们，经过刚才的讨论，我们都已经感受到了，爸爸妈妈的唠叨、责骂也是爱。只是这种表达方式，让我们感觉很不舒服。当我们感觉不舒服的时候，可以向爸爸妈妈提出来。爸爸妈妈，我们是不是也可以努力寻找一下孩子们喜欢的方式，既可以表达出我们满满的爱，又能够实现我们的教育目标！了解孩子的需求，用孩子喜欢的方式表达爱，才能让爱不被误解。其实，我们对彼此都爱得很深远。

> 设计意图：通过课前调查，帮助家长了解不当的表达会让孩子感觉不到父母的爱；通过"到底是不是爱"的小组讨论，帮助孩子读懂和接纳父母爱的不同表达，帮助家长读懂孩子对爱的需求，学习用更好的方式表达爱。

四、感悟践行：我很爱你

（一）呈现绘本片段"爱有多深"

绘本内容：小兔子与大兔子继续比爱。小兔子说，他的爱像小路伸到小河那么远；像到月亮那么远。而大兔子说，他的爱远到跨过小河、翻过山丘那么远；像一直到月亮那里，再从月亮上回到这里那么远。在这恬静的夜里，在温柔的对话中，小兔子与大兔子进入了甜美的梦乡。①

亲子一起欣赏绘本，感悟对彼此的爱。确实，我们的孩子和爸爸妈妈也像小兔子和大兔子这样相互爱着，只是有的时候，我们不知道怎么表达，或者我们的某些反应导致了爱的错误传递。

（二）卡片传递：让爱看见

操作方式：请每个人取桌上的半张爱心卡，写下我们的行动：在今后的生活中，如何实践我们对彼此深深的爱。写完后，亲子走到一起，将手中的半张爱心卡拼成一颗爱心，同时，告诉对方"我很爱你"！

《爱要让你看见》素材

亲子在爱心卡书写的时候，很多人抬起头给对方一个甜蜜的微笑。写完后，两人一起合作把半张爱心卡小心翼翼地拼成美好的一颗心。有的孩子直接坐到了爸爸妈妈的腿上，拥抱在一起，相互表达爱。画面美丽真实而令人感动。

---

① 麦克布雷尼, 婕朗. 猜猜我有多爱你[M]. 梅子涵, 译. 2版. 济南：明天出版社, 2013.

孩子说："我把作业做得再好点，让爸爸妈妈不为我操很多心；我每天都要给爸爸妈妈一个温暖的拥抱，还要给他们按摩；每次爸爸妈妈过生日的时候，我都要为他们准备礼物。我应该多多感受爸爸妈妈的爱。"家长说："我每天都要告诉宝贝，妈妈非常爱你！任何时候都不要怀疑！我以后会注意说话的方式，尽量跟你好好沟通，有更多的时间陪你。我以后要改变自己的想法，多学习，多了解你的想法。"

一颗颗爱心，是家长和孩子爱的律动。在这里我们共同反思，有了一起行动的计划，有了越来越坚定的信心，更重要的是我们懂得了"我很爱你"。

结语：今天这堂课，亲子双方在课堂上比拼爱，了解了彼此对爱的需求和表达。课的最后，我们双方各自手捧着半张爱心卡拼在一起，在今后的生活中，我们也一定能一起努力，学习正确地表达爱。

孩子们，爸爸妈妈一定像大兔子比喻的那样爱着你们，只是有的时候，他们也不知道怎么表达；爸爸妈妈，爱的传递首先需要了解和接纳孩子的需求，只要不断学习，就一定可以让孩子看到、感受到家长满满的爱，并成为他们成长的力量！

> **设计意图**：通过阅读绘本片段"爱有多深"，帮助亲子双方再次感受彼此深深的爱。通过爱心卡片的制作，帮助亲子双方立足自身实际，一起规划今后生活中爱的行动，让爱被"看见"。

小学高段 好好说话

设计者：张俊娟
指导者：周 昀　周颖芳

学情分析

小学高段的孩子慢慢进入青春期，开始变得有些自我和小叛逆，情绪又容易冲动。在语言表达上，他们往往也是先说后想，而不是想明白语言的后果再表达。因为不理解孩子一些过激言行背后的原因，父母也常常受孩子情绪的影响，用强硬的态度与专横的语气"以暴制暴"。这个阶段的亲子常常因为双方没有好好说话而陷入冷战、对立，甚至使关系僵化，最后彼此都很受伤。

本课聚焦生活中常见的亲子冲突事件，探讨彼此的言行给对方带来的伤害。通过讨论课前收集的典型场景，让亲子双方学会用彼此易于接受的方式相互沟通，从而促进亲子关系。

活动对象

六年级学生及家长。

活动目标

目标	家长层面	学生层面
知识层面	了解到进入青春期后，孩子更期待在沟通时被平等地对待。	了解到父母也期待和孩子有更好的沟通，但他们也有很多困扰。
能力层面	能够用孩子易于接受的方式和他们讨论问题。	能够用父母易于接受的方式和他们讨论问题。
态度层面	接纳孩子作为一个独立、平等的个体和父母沟通。	接纳父母在实现沟通更平等时的不适应，给予他们时间学习。

活动时间

六年级第一学期。

活动准备

（1）座位安排：孩子和家长各 3 组，每组 6—8 人，孩子组与家长组一一对应。

（2）课前调查：请孩子写下一次与父母闹别扭的场景。请家长写下一次与孩子生气的场景。挑选具有代表性的场景手稿，制作成 PPT。PPT 的最后一页定格在两个最具典型性的场景上，作为环节三的课堂讨论案例。

（3）视听媒体：剪辑电视剧《家有儿女》《爸爸和麻雀的故事》的视频片段、独奏曲《单簧管波尔卡》、钢琴曲《快乐还是忧伤》。

（4）材料准备：每小组 1 张海报纸、1 张 A4 纸、1 盒水彩笔。

活动过程

一、抱团游戏：感受好好说话

（一）组建临时家庭

操作方式：随着音乐声响起，请所有家长与孩子起立后随意走动，听到老师报出的数字后开始抱团。当老师报出数字"几"时，就几个人抱在一起（共活动 3 次）。最后一次，老师报出数字"2"，要求抱在一起的两人组合必须是一大一小，而且不能是自己的家人，组建成临时家庭。（背景音乐：《单簧管波尔卡》）

在活泼欢快的音乐声中，父母和孩子享受着游戏带来的愉悦。前几次报数组团活动时，大家都会有意识地跟自己的家人抱在一起。最后一轮老师要求一大一小，但不能是自己的家人时，大家有点无措，但也很快找到了临时搭档。

（二）家庭分享会

操作方式：临时家庭完成两个分享任务。先是请家长和孩子各自聊一聊最近开心的一件事情，限时 1 分钟。然后，请孩子和家长聊一聊最近遇到的困难，限时 1 分钟。

  提问孩子：和临时爸爸、临时妈妈聊了什么？有什么感受？

  提问家长：和临时儿子、临时女儿聊了什么？有什么感受？

  临时家庭在交流中，从开始的找不到话题，到后来慢慢放松并且愉快沟通，源于临时父母的引导与鼓励。孩子的表情也从开始时的害羞到后来的放松，感受愉快交流的美好心情。一位妈妈说孩子放假了，终于不用天天早起做早餐了，感觉特别轻松！孩子说，上学时早起有压力，原来妈妈也有压力。一个孩子说，放假了决定和爸爸妈妈外出旅游，可是家里人有很多不同意见，不过经过激烈的争论，最后定下了目的地，有时吵吵也有效果。

  过渡：在刚才的活动中，大家都非常乐于分享。我们谈论的事情有愉快的，也有难受的，有困难的，也有纠结的……，语言的交流让我们彼此亲近。那么，在家里，亲子间的交流也像今天一样吗？我们来看一段《家有儿女》的视频片段。

设计意图：通过报数组团活跃气氛，快速地使家长和孩子熟悉起来。通过临时家庭分享会感受和别人家的爸爸妈妈、别人家的孩子聊天的感觉，体会好好说话能够促使双方关系变得亲近。

二、问题梳理：话语会伤人

（一）呈现《家有儿女》视频片段

  视频内容介绍：刘星妈妈回家看到客厅里垃圾遍地，就指责刘星，认定是他把家里搞那么乱。事实上，是小雪吃完东西没整理，而刘星正准备去打扫。当受到妈妈的冤枉后，刘星很委屈，也懒得解释，摔门而去。

  视频中展现的是家里发生的亲子小矛盾，而正是这些小事情，引起了在场所有家长和孩子的共鸣。有的家长和孩子忍不住边看边在下面小声交流。

（二）分组讨论，换位思考

操作方式：采用小组讨论的方式进行。家长组的话题是"如果你是刘星，妈妈的哪些话语和行为让你很不舒服"，孩子组的话题是"如果你是刘星的妈妈，刘星的哪些话语和行为让你很不舒服"。将讨论结果记录在A4纸的表格中。讨论完成后，派代表进行全班分享。

《好好说话》素材

家长组与孩子组讨论得异常激烈，大家畅所欲言，找到让自己感觉不舒服的言语和行为。家长站在刘星的立场，感受孩子受到冤枉时的委屈，纷纷表示妈妈不应该先入为主，老是拿刘星与小雪比较，对刘星不信任，这样的行为真的让人很失望。孩子则站在妈妈的角度，体会了家长的感受，顶嘴、扔毛巾、不解释、摔门而出的行为真的让人很不舒服。有一个小女孩说，就算是妈妈真的误会了刘星，刘星也应该好好地和妈妈解释。话音刚落，所有的家长都鼓起掌来，看来孩子一语道出了家长的心声。亲子双方相互体验对方的感受，学习换位思考。在讨论中，我们发现，孩子比家长更能够体会到对方的心情，更理解对方的期待。

过渡：刚才这段视频中，刘星与妈妈由于没有好好沟通，闹得很不愉快。妈妈的不信任与偏见让刘星心情非常低落。而刘星不解释与摔门而去的行为让妈妈对他更加失望。其实这样的事情在我们家庭中很常见。在课前，我们也调查了亲子间会因为什么问题而闹得不愉快。在这里，选择两个典型的场景，让我们一起来商量下怎么解决。

> 设计意图：通过视频直观呈现生活中的场景，让亲子双方站在对方的角度体验和感受话语带给别人的伤害，为商讨解决环节做好铺垫。

三、商讨解决：话语如何不伤人

（一）呈现生气场景

播放根据课前调查结果制作的 PPT，内容是比较具有代表性的十几个令孩子生气或令家长生气的场景。最后定格在两个最具典型性的场景上，作为小组讨论时的参考案例。

孩子生气的场景："与爸爸妈妈谈论学习时，他们总是让我和更好的同学做比较，只说我的缺点，从来没有一点鼓励。每次也只看结果，从不知道我付出了多大的努力，花了多少时间复习。偶尔我考得很好，满心欢喜地拿着试卷回家，急切地希望他们表扬我。可是妈妈却说：'偶尔考得好算什么，有什么好得意的！'"

家长生气的场景：下班回家看到孩子不写作业却在玩手机游戏，边玩还边说脏话，提醒孩子注意时间时，他还不耐烦或者大声地说："知道了！知道了！"

在课前调查中，孩子和家长各自写下家庭生活中令自己生气的场景。归结起来，大部分人生气是来源于一句话、一个表情或者是一个动作而赋予的意义。例如，家长总是说："怎么又在看电视！这次考砸了，到底怎么回事！"其实家长是想询问孩子作业情况，或者考试失误的原因，但话一说出来，却变成了责备！又如，孩子总是说："别人比我考得还差！再看一会儿，就去写作业！"其实，孩子只是想从与别人的对比中找到些安慰，或者只是想放松一下再去学习，但是让人听着就觉得不思上进，总和差的人比，在学习上总是懈怠。不恰当的表达与沟通不但会让人误解，而且会伤人，影响亲子关系。

最后定格在需要讨论的两个场景上，有个小女孩站起来对妈妈说："这不是我写的！但是说的就是你。"妈妈竟一下子无言以对，弱弱地接了一句："我还不是为了你好！"来自生活中的案例，引起大家的共鸣，并引发亲子共同的思考。

（二）分组讨论，海报分享

1. 我的需求我来说

操作方式：小组讨论，孩子组的话题是"我很生气的时候，希望父母怎么做"，家长组的话题是"我很生气的时候，希望孩子怎么做"。讨论结果记录在海报纸的上半部分，完成后派代表汇报。

2. 我的行动我来做

操作方式：对应的家长组与孩子组相互交换海报，根据对方提出的希望，继续进行小组讨论，话题是"我可以做什么"。讨论结果记录在海报纸的下半部分，完成后派代表汇报。

在表达自己的需求时，孩子组希望自己生气时，爸爸妈妈语气能够平和一些，不要一言不合就大吵，适当冷静一下，再来好好沟通。批评能够适可而止，不要没完没了。看到孩子的付出，多鼓励孩子，并学习赞美。孩子考好回到家还要被爸妈说"偶尔考得好算什么，有什么好得意的"，感觉就像被泼了冷水。孩子的表达，引起了全场的认同。家长组在表达需求时，希望孩子能够态度好一些，不要老是顶嘴发脾气，心平气和地和家长说说理由或想法，理解家长的心情，明白错了要主动认错，并用行动改正。

良好的沟通需要了解对方的需求，同样也需要付诸行动。于是对应的亲子组交换海报纸，继续讨论自己的行动。孩子们几乎都对场景中说脏话这一点进行了反省，认为如果自己做错要主动认错并且保证下不为例。如果自己做错事情，首先态度要端正，好好解释和道歉，立马回房间学习，用行动表决心。家长听了孩子的想法，则想出了一套具体的方案：当孩子考好的时候，先露出一个开心的笑容，再给孩子一个深深的拥抱，告诉孩子"你真棒！我为你骄傲！"，还要抽出时间带孩子去享受美食或看电影，或者给予孩子期待并喜欢的物质奖励。在融洽的关系中，对孩子提出希望和要求。

（三）全班分享

从刚才的讨论中，你学到了什么？

这个问题让家长和孩子都陷入了思考。有个爸爸说："刚才家长和孩子在提要求的时候，都说到一个共同点，那就是希望自己生气的时候，对方态度能够平和一点，不要随意发脾气。一个巴掌拍不响，其实要对方态度好，首先自己要保持冷静。"有个妈妈接着说："要等情绪过后再来讲理。"还有好几个家长认为，孩子们长大了，自己也要开始改变与他们沟通的方式和态度。其中有一个家长，在读完小组的意见后，忽然有感而发："刚才读完我们对孩子的要求，我觉得我都不能完全做到。有时候，我意识不到自己的某些反应伤到了孩子。所以，孩子顶嘴发脾气，是不是在提醒我们反思自己的教育方式？孩子长大了，我们也要改变了！"其他家长都纷纷点头认同。孩子听着家长的发言，也有所触动，表示自己也会努力改变，用好的方式表达诉求，和父母好好沟通。

过渡：孩子慢慢长大了，希望爸爸妈妈能够像对待大人一样平等地对待自己。可是很多时候，爸爸妈妈仍然习惯用对待小孩子的方式。这就会产生很多矛盾。刚才，我们了解了彼此的需求，也一起设想了很多行动方案。接下来，我们要回到每对亲子自身，面对那些曾经让彼此生气的事情，一起努力，好好说话，好好沟通！

> 设计意图：通过典型场景的讨论，让孩子和家长表达在亲子沟通中的诉求，讨论对方哪些言行会伤害到自己，自己生气时希望对方怎么做，自己可以做什么，协商讨论，学习好好说话。在这个过程中，让彼此找到易于接受的方式进行沟通。

四、实际运用：学习好好说话

座位调整：对应组家长、孩子位置调整，家长坐在孩子的身边。

（一）亲子练习

下发课前每个人写的调查。让孩子与家长就自己写的这件事，重新沟通。（背景音乐：《快乐还是忧伤》）

当拿到课前自己写的不开心或生气的一件事时，很多家长都笑了，觉得自己写的事情不值得那么生气了。孩子把自己写的事情说给家长听时，也没有了原先的怒气，只是希望以后爸爸妈妈不要这样。拥抱孩子的家长变多了，轻声跟孩子说话的家长也多了。能得到爸爸妈妈的理解、支持和关爱，有些孩子激动得热泪盈眶。

（二）视频《爸爸和麻雀的故事》

视频内容：有位年迈的父亲与成年的儿子在花园中休息。老父亲看到一只麻雀停了下来，问儿子"那是什么"。起初，儿子比较耐心，回答了三次"那是麻雀"。当第四次老父亲再次问同样的问题时，儿子开始咆哮、指责，表达愤怒。老父亲起身，到家里拿出儿子小时候自己写的日记，让儿子大声念出来。当念到"儿子问了我21次那是什么，我耐心地回答了他21次"时，儿子紧紧抱着父亲抽泣起来……

提问：看了这个视频，你有什么感受？

观看视频时，大家极其安静，颇受触动，而看到念日记的那一段，几乎所有人都深受感动。有个爸爸说："其实在孩子很小的时候，大部分家长也是这样耐心回应的。但随着孩子慢慢长大，我们会发现自己的耐心减少了。有多少父母依然像老父亲那样对孩子有耐心？当我们老的时候，我们会不会被耐心对待？我们要用自己期望别人对待自己的方式，去对待别人，特别是我们的孩子。"

结语：语言可以用来传递信息、表达情感。好好说话让人感受到爱和温暖。可是不好的语言和态度却会让人受到伤害。孩子们，你们希望爸爸妈妈能够像大人一样对待你们。可是，爸爸妈妈可能还没有适应你们的长大，要给他们一些时间来学习和适应。爸爸妈妈，孩子长大了，生活中难免会出现各种小冲突。当你感觉孩子越来越难相处的时候，就是你需要了解孩子、寻求改变的契机。可以慢慢尝试着倾听孩子的声音，用更平等的方式与孩子对话。让我们亲子一起努力，学会好好说话！

> 设计意图：运用课堂所学练习好好说话，尝试着改变以前不良的沟通习惯与语言用词，让亲子关系变得更加和谐。通过视频《爸爸和麻雀的故事》梳理总结亲子关系的成长变化，带给双方震撼和感动，将好好说话内化于心。

初中段 如果我是你

设计者：姜春美
指导者：朱艳娜

学情分析

进入初二，孩子对情感独立的需求增强，他们有了强烈的成人感和独立意识，希望能像成年人一样受到尊重；他们反感父母的一味管教，不再事事顺从，渴求按照自己的想法生活。孩子们觉得自己已经长大，但父母则认为他们尚未具备完全独立的能力，总是质疑他们的判断力和处事水平。亲子关系在这个阶段发生了明显的变化，从原先的亲密无间，到青春期的磕磕绊绊，孩子与父母之间的沟通急剧减少。此时，让父母和孩子设身处地体验对方的感受，真正理解对方的需要和情感，十分重要。

本堂课聚焦亲子冲突，通过两轮角色互换，换位思考，让家长体会到孩子已经慢慢长大，渴望自由和独立，试着站在孩子的立场上考虑问题，理解他们真正的需求；也让孩子感受到家长面对青春期的自己焦虑万分，甚至不知所措，尝试站在家长的角度理解他们。

活动对象

八年级学生及家长。

活动目标

目标	家长层面	学生层面
知识层面	了解孩子进入初二后，成人感和独立意识更加强烈，他们非常期待能获得成人的理解和尊重。	了解到理解是相互的，父母在和我们沟通时，也面临很大的挑战。
能力层面	能够站在孩子的立场上理解他们的行为和感受。	能够站在家长的立场上理解他们的行为和感受。
态度层面	体验亲子沟通中真正站在对方立场上理解对方，给彼此带来的美好感受。	体验亲子沟通中真正站在对方立场上理解对方，给彼此带来的美好感受。

活动时间

八年级第一学期。

活动准备

（1）座位安排：孩子和家长各 3 组，每组 6—8 人，孩子组与家长组一一对应。

（2）课前调查：分别向家长和学生发放调查问卷；请学生绘制一张 20 年后自己的自画像，画像内容包含未来的职业和生活状态。

（3）视听媒体：音乐《雨的印记》（*Kiss the rain*），MV《当你老了》。

（4）照片收集：小时候和近期的亲子照片；父母年轻时的照片。制作相册《我的成长故事》，内容前半部分为小时候学生和父母的合照，后半部分为近期学生和父母的合照；制作相册《你的过去我的未来》，内容前半部分为父母年轻时的照片，后半部分为学生 20 年后的自画像。

（5）情景剧排练：《谁扰了我们的亲密》。

（6）材料准备：每组 1 张海报纸，黑色、蓝色记号笔各 1 支。

活动过程

一、温情一刻：我们长大了

（一）相册《我的成长故事》

教师呈现相册，先呈现学生小时候与父母的合照，再呈现学生近期和父母的合照。（背景音乐：《雨的印记》）

在温情的音乐和画面中，家长和孩子一起欣赏照片。大部分照片都是家长和孩子小时候的合照，一张张播放的时候，不时听到孩子的笑声，有的还很羞涩，小伙伴们对彼此小时候的模样都纷纷猜测起来。而家长们有的露出了微笑，有的神情激动，也有的忍不住跟身边的家长介绍自己的孩子。

（二）分享感受

提问家长和孩子：看完相册，你们有什么感受吗？

看完照片，有的孩子说不看照片，都差点忘了自己小时候的样子了，也有的说不知不觉，爸妈好像有了很多白发，自己长得快，爸妈也渐渐老了。有个家长说找来找去都是跟孩子小时候的合照，现在很少和孩子一起拍照片。有个家长马上接口道，小时候合影里要么抱着要么搂着，很亲密，现在，拍照时搭个肩，孩子还一脸不乐意。其他家长表示深有同感，总觉得他们还是小孩子，时光飞逝，一不留神，孩子就长大了。

过渡：小时候合照中的我们如此亲密，看着如此温馨感人。多么希望这样亲密的关系可以一直保持，但随着孩子慢慢长大，我们的距离也在变大，有时候，还会发生冲突。接下来，让我们一起来看情景剧《谁扰了我们的亲密》。

> 设计意图：通过相册《我的成长故事》，让家长感受到随着孩子的成长，亲子关系也悄然发生变化，从小时候的亲密无间到现在的距离感；同时，也让孩子感受到，随着我们的成长，父母也在慢慢变老。

二、话题聚焦：现实中的我们

（一）成长的烦恼

1. 情景剧《谁扰了我们的亲密》

内容简介：明远上初二了，爸爸妈妈还是时刻把他当作小孩子，任何事情都要管。一天放学后，明远正在房间玩电脑游戏，妈妈关心地向他询问作业完成情况，明远不理不睬。当妈妈拿他与王阿姨家的孩子进行比较时，明远顶撞了妈妈，和妈妈发生了言语冲突。当妈妈一边整理房间一边说明远的时候，明远还指责妈妈乱动自己的东西，不允许妈妈随意进入自己的房间。

2. 分享感受

提问家长：你觉得故事中的妈妈当时的感受是怎么样的？

提问孩子：你觉得主人公明远当时的感受是怎么样的？

看完小品，一位爸爸说这样的情况好真实，在家里也时有发生，自己有时候也会像明远妈妈那样对待孩子；还有一位爸爸说看到小品中母子这样的对话，感觉很不舒服；一位妈妈说如果自己是故事中的妈妈，心里会很难过，觉得家长的一番好意没有得到孩子的理解。很多家长都觉得这样的情景在生活中很常见，越关心孩子，孩子越叛逆，双方都有脾气，就很容易发生冲突。

孩子们都觉得小品中的对话方式让人很不舒服。有一位男生说如果家里是这样的，气氛就会很沉闷；有一位女生说可能明远也不好受，他起初并不想让妈妈难过，但是妈妈的对比又让他很难控制自己；还有一位女生说明远会比妈妈更难过，觉得妈妈不理解自己，其实有时候自己也会像明远一样，既希望自己有独立的空间，但又希望爸爸妈妈可以帮助自己，内心也会很矛盾。

（二）你说我听，换位体验

1.闭眼游戏，互换身份

操作方式：亲子双方互换角色，闭上眼睛，听一听对方在生活中常说的一些话。先请家长闭眼，孩子说"家长经常说的话"，家长以孩子的身份聆听并感受。然后互换，孩子闭眼，家长说"孩子经常说的话"，孩子以家长的身份聆听并感受。

家长经常说的话	孩子经常说的话
1.该去看看书了，你看看别人。	1.走开，烦死了，不要你管！
2.给你补了这么多课，你还考这么差。	2.不关你的事，我不高兴！
3.你怎么这么笨，还这么懒！	3.让我玩会儿，作业待会做，你别烦我了！
4.弟弟小，你应该让着他！	4.不知道，忘记了，随便。
5.看看别人多聪明，多厉害，考得多好！	5.你让别人做你儿子好了！
6.还不快去写作业，别的同学都写完了。	6.不要你管，你太啰唆了，讨厌！

2.重返剧中，探究原因

操作方式：在换位聆听对方在生活中经常说的话之后，重新回到情景剧，站在对方的立场讨论原因。家长组讨论的话题是"你觉得明远为什么会有那么大的反应"，孩子组讨论的话题是"你觉得明远妈妈为什么那么生气"。讨论完成后，派代表进行全班分享。

在换位聆听游戏中，孩子在表达家长说的话时，语气语调模仿得跟家长很像，有的几乎一模一样。当一位男生说到"看看别人多聪明，多厉害，考得多好！"时，语气十分激烈。家长听完孩子说的话后，都有些沉默。有一位爸爸说感觉自己平时已经有所注意了，但没想到还是在无意中伤到了孩子。有一位妈妈说自己平常觉得对孩子的关注也不少，但是听孩子说完，心里还是很愧疚，不但没有表达对孩子的爱，好像还伤害了孩子。换位体验后，再度回到明远的情景剧，家长明显平和了许多，更能理解明远的状态。一位爸爸说孩子听到与别家孩子比较时，心里肯定是不舒服的；一位妈妈说明远长大了，希望有独立的空间，但是妈妈强行介入，孩子的反应肯定会大；还有位爸爸说虽然妈妈是为明远好，但是并没有考虑孩子的感受，明远对妈妈的管制有些反感，希望能够自己处理事情，但是大人并不理解。

在家长说"孩子经常说的话"的换位游戏中，家长们开始有些拘束，慢慢地越说越像孩子，越说越气愤。孩子们听完后，情绪也很激动。有一位男生说如果自己是爸爸，会很想跟孩子打一架，感觉很伤心；还有一位女生说明明是为对方好，孩子却还要还嘴，不理解家长的关心。换位体验后，当孩子重回情景剧进行讨论时，很容易就站在了妈妈的角度。有一位女生说明远的妈妈一定觉得孩子不听话，自己做了那么多却不能得到孩子的理解；有一位男生说妈妈觉得这个房子是自己的，孩子怎么可以那么激烈地剥夺自己进房间的权利，感觉儿子跟自己疏远了；还有一位女生说明远妈妈觉得孩子很难沟通，问了也不说，说几句还要还嘴，就会又伤心又生气。

过渡：通过对情景剧的讨论和角色互换体验，亲子双方试着站在对方的立场思考问题，感受到了只从自己立场出发的沟通不仅会让对方不舒服，还可能会伤害对方。那我们可以怎么做，才能让双方都有更好的感受呢？

> **设计意图**：通过情景剧《谁扰了我们的亲密》呈现亲子冲突的场景，让亲子双方学习在冲突时表达自己的感受；通过你说我听的换位体验，重返情景剧探究原因，帮助亲子双方站在对方的立场上理解各自的行为和感受，帮助家长感受孩子渴望独立自主的强烈意愿，也帮助孩子体会家长面临的挑战和压力。

三、换位思考：如果我是你

（一）相册《你的过去我的未来》

教师呈现相册，先呈现父母青春期时的照片，再呈现孩子20年后的自画像。

提问家长：年轻时，父母对你的期望是什么？

提问孩子：如果将来你为人父母，你对孩子的期望是什么？

父母看到年轻时自己的照片，不禁失笑。有一位爸爸说这是读高中时的自己，当时的自己比儿子调皮多了，而且当时父母根本没有时间，很少关心自己。有一位妈妈说这是自己十几岁的时候，那时自己很听话，还要帮助父母做很多家务，好像父母也很少对自己提要求。还有一位爸爸说，青春期的时候跟父亲的关系不好，因为父亲经常骂人，也很少好好教育自己。

孩子们看到20年后的自画像时，大多沉浸在对未来自己的想象里，比较难代入父母的角色。有一位男生说，20年后已经有了自己的事业，也已经成家，好像对自己的孩子暂时想不到什么要求。另一位女生说将来希望给父母更好的生活，当自己为人父母时，可能会对孩子更加宽松，让他更加自由地发展。还有一位女生提到如果自己当了父母，一定让孩子有时间跟朋友出去玩耍，也会尊重孩子的想法，多肯定他们。

（二）我们的期待

操作方式：小组讨论，家长组讨论的话题是"如果你是青春期的孩子，你期待家长怎么做"，孩子组讨论的话题是"如果你是青春期孩子的家长，你期待孩子怎么做"。讨论结果记录在海报纸上，讨论完成后，派代表进行全班分享。

《如果我是你》素材

家长们一开始有些难以下手，慢慢地渐入佳境，有的说要给空间，有的说要管得有分寸，还有的说要互相体谅等。孩子组则很快进入状态，纷纷以家长的姿态，提出了各种要求，比如做家务、听家长话、自觉学习等。当然，有些孩子则表示反对，说不要提和自己的家长一样的要求。最后，有的组采用了先自己思考、再小组讨论、最后汇总的方式进行；有的组则写完一条就组内举手表决是否同意，然后再写下一条。

孩子组分享期待时，一组孩子代表说，作为家长，希望孩子能多站在自己的角度考虑，希望像朋友一样相处，期待孩子将心里话告诉自己；该组一个女生站起来补充，一个家庭中和谐是十分重要的，希望亲子间的氛围是快乐和谐的。另一组代表是个男生，特别提到不会要求孩子一定要顺从家长，但希望孩子能够跟家长保持好的联系，确保自己的安全；还有一组代表说，希望孩子能够陪家长旅行，不要抗拒跟家长外出。

听完孩子们的分享，家长也迫不及待有话要说。一组家长代表说："如果我们是青春期的孩子，希望父母可以跟我们以朋友的方式相处，不争吵，不要经常对我们发号施令，可以跟我们好好说话，给我们一些独立自主的空间，希望父母不要包办或者代替。当然作为孩子，我们也会多做些力所能及的家务事。"另一组家长代表说："讨论的时候我们感触很深，我们希望父母可以尊重我们，不要将我们跟其他孩子做比较；当我们犯错的时候，不要经常提到过去犯的错误，而是就事论事。"还有一组代表说："作为孩子，我们可能跟你们现在想的差不多，最希望父母可以真正尊重我们，当我们叛逆的时候，多跟我们沟通，说出彼此的想法；大事小事多听听我们的意见和想法。"

过渡：爸爸妈妈，你们也曾有过青春岁月，你们也曾是孩子；孩子们，你们有一天也会为人父母。今天，我们学习站在对方的角度来表达期待。希望在今后的生活中，大家也能站到对方的角度思考问题。只有真正感知和了解对方的需求，才能更好地相处和理解对方。接下来，请孩子坐到家长的身边，一起来感受对彼此的爱。

> **设计意图**：通过相册《你的过去我的未来》，帮助亲子双方更好地代入对方的角色体验和感受；通过"我们的期待"换位思考，帮助亲子双方读懂彼此的需要，明白从对方的需求出发，才能实现更好的沟通和相处。

四、梳理感悟：我想更懂你

座位调整：对应组家长、孩子位置调整，家长坐在孩子的身边。

（一）聆听诗歌，感悟生命的自由

分享纪伯伦的诗歌《你的儿女其实不是你的》，由教师朗读，家长和孩子聆听。

当教师朗读的时候，很多家长都默默点头，并且看着身边的孩子，时不时抚摸孩子，或是握着孩子的手。当教师读到"他们在你身边，却并不属于你"时，家长们有些释然，微笑地看着孩子；孩子们靠着自己的爸爸妈妈，当听到"因为他们的灵魂属于明天，属于你做梦也无法达到的明天"时，孩子们流露出了迷惘和期待，仿佛那颗渴望长大和自由的心就要跳了出来。亲子静静地听着诗歌，依偎在一起。

（二）分享歌曲，表达亲子之爱

教师分享歌曲《当你老了》。在歌声中，父母和孩子用自己觉得最亲密的方式表达对对方的爱。

当歌声响起的时候，有一个男生抱了抱自己的爸爸；有一个女生哭着鼻子，依偎在妈妈身边；有一个女生帮妈妈捋着头发，说"妈妈你有白头发啦"；还有一个男生对爸爸说"老爸我可以的"。好几位家长潸然泪下，孩子们望着家长，有的欲言又止，有的抹掉泪水。亲子最后拥抱在了一起，场面温馨感人。

结语：孩子们，你们慢慢长大啦，你们的力量正越来越强，而爸爸妈妈也在逐渐老去。或许有时候，他们并不能很好地理解我们；面对我们的改变，他们也会觉得措手不及，但是，爸爸妈妈正在努力学习用我们能接受的方式跟我们相处。爸爸妈妈，我们的孩子正在蜕变，他们即将成为独立的个体，他们既渴望自由飞翔，又需要我们成为他们坚实的后盾。让我们一起努力，学习站在对方的角度，读懂彼此的需求，感受相处的美好！

设计意图： 通过诗歌《你的儿女其实不是你的》的分享，让家长明白孩子终究要长大，他们有自己独立的思想，他们终将成为他们自己。通过歌曲《当你老了》的分享，让孩子再一次感受到，随着自己的成长，父母正在慢慢变老，体会为人父母的不易，学习更好地理解父母。

●尊重篇

读懂差异系列

读懂差异
系列解读

尊重，首先是对生命的尊重。每个孩子都是独一无二的生命体。要帮助父母读懂并接纳孩子生命成长的差异。霍华德·加德纳的多元智能理论认为，智力不是一种能力，而是一组能力，这些智能在人的身上不同程度组合，构成了他的智能特点，并以独特的表现方式存在。

读懂差异系列四节课：小学低段，了解到孩子的喜好不一样，看到孩子的成长，而不是跟"别人家的孩子"比；小学中段，多元化地看待孩子的发展，接纳每个孩子的特点不一样，发展的速度也存在差异；小学高段，学习接纳和尊重孩子不一样的兴趣选择；初中段，和孩子讨论梦想，基于每个孩子对未来不一样的想法，协助规划未来。

《别人家的孩子》：从小到大，父母眼中的完美小孩——"别人家的孩子"高频率出现。家长的初衷是希望激励自家的孩子，然而往往事与愿违，孩子常常被打击，觉得自己什么都做不好。如何帮助家长看到每个孩子的不一样？我们通过亲子各自填写喜好卡的默契大比拼，了解到孩子慢慢长大了，有了自己的想法与喜好，可能跟家长以为的不一样；通过同学间喜好卡的比较，了解并接纳每个孩子的喜好不一样，与"别人家的孩子"比会让人不舒服，学习与过去比，看到孩子的成长；通过"共同创作毛毛虫"从喜好卡到助力卡的活动，感悟到喜好变成特长，需要时间去努力，"每天进步一点点"，也需要父母不断助力，看到进步，让孩子成为更好的自己，"破茧成蝶"；最后，就视频《我只是个孩子》进行分享交流，感悟每个孩子都是独一无二的，在父母的支持与鼓励下，孩子能更好地发展自己的喜好，更好地成长。

《我很特别》：到了小学中段，孩子开始从他人的评价转向自我评价。父母对孩子的诸多不满意往往也会影响孩子的自我认同。如何帮助亲子发现并接纳孩子的独特之处？我们通过撕纸游戏和发现自己的"魔盒"游戏，感悟到每一个人都是不一样的，都有自己的特点；通过"我有灰点点"的经历分享，了解并感受到评价特别是负性评价对孩子的影响，总被贴灰点点，会很不舒服，不能接纳自己；通过活动"灰点点的穿越"和亲子画作"我有我特点"，帮助父母发现并接纳孩子的独特之处，学习多元地看待孩子的发展，并允许孩子有自己的发展速度；最后，不一样的彩色小手印的呈现和"我觉得你很特别"的大声表达，强化父母对孩子无条件的接纳，感受爱的力量。

《兴趣，我有我的选择》：六年级，面临小升初，家长对于孩子未来的发展也十分焦虑。在选择兴趣班的时候，家长往往会从"有用"的角度来考虑，却忽视了孩子真正的兴趣。如何帮助父母接纳和尊重孩子不一样的兴趣选择？我们通过"猜猜我的喜好"活动，了解到兴趣是让人感到有趣的、愉快的，并愿意为之花费时间的，且每个人的兴趣各不相同；通过视频《上不完的兴趣班》的呈现和"我们的兴趣班"调查分析，展现孩子兴趣班的现状，更多是"被动的兴趣"，引起家长对兴趣班选择的反思；通过"兴趣班选择理由"小组讨论和亲子双方不同立场的陈述，认识到不能仅凭家长的意愿为孩子做决定，每个孩子是不一样的，要考虑孩子自身的兴趣；最后，亲子面对面，根据孩子自身实际情况一起商讨兴趣班的选报，接纳和尊重不一样的选择，面对分歧，学习协商解决。

《规划，我有我的未来》：初中毕业时，孩子将面临人生第一次重要的选择。在人生的道路上，对未来的规划是逐渐形成的。对未来的设计，孩子会有很多的想法，或许成型或许零星，或许实际或许天马行空。而家长往往更基于现实升学的考虑，更多地关注孩子的学习成绩。如何帮助亲子聆听对方的想法，让家长意识到每个孩子都有自己独一无二的人生？我们通过"神奇的时光机"活动，看到父母年轻时的梦想和孩子未来的自画像，了解到每个孩子对未来有自己独特的想法；通过亲子各自设计的"梦想之路"的对比与分享讨论，看到家长们设计的神奇相似和孩子们对未来设想的各不相同；通过"交换梦想，讨论不同"和"面对不同，探讨应对"，尊重和接纳不一样的设计，亲子学习一起讨论梦想，规划未来；最后，分享"你的支持，我的期许"暖心卡，意识到孩子是自己人生的主人，家长学习协助而非替代孩子规划未来。

孩子是独立的生命个体。不要总用"别人家的孩子"做"标杆"，或者总站在"成人视角"去评判。读懂差异系列四节课，帮助父母读懂生命成长的差异，接纳每个孩子的不一样，并尊重孩子不一样的选择和对未来的规划！

小学低段 别人家的孩子

设计者：余水霞
指导者：郎 萍　何咏梅

学情分析

最近"别人家的孩子"爆红网络，孩子们纷纷吐槽，最讨厌这个"奇特生物"，因为父母总是拿自己与"别人家的孩子"比。我们常常听见家长对孩子说"你看×××，他学习那么好，你怎么不向他学学"，"×××那么有礼貌，那么乖"，"×××这也会，那也会，你怎么都不会"。听到这样的评价，一些孩子会低下头，一些孩子会撅起嘴，一些孩子甚至当场与父母吵起来。拿别人家孩子的长处与自己家的孩子比，家长的初衷是希望自己的孩子可以变得更优秀，然而事与愿违，这样的比较常常会打击孩子的自信心，有时候会让一些孩子觉得自己什么也做不好，什么也学不会。

本课聚焦"别人家的孩子"，通过猜喜好、分享漫画视频、小组及全班讨论等活动，让家长了解每个孩子的喜好都是不一样的，与"别人家的孩子"比会让孩子不舒服；允许并鼓励孩子发展自己的喜好，能够让孩子与自己的过去比，看到成长。让孩子了解每个人的喜好是不一样的；能够了解自己的喜好，并在父母的鼓励下发展自己的喜好。

活动对象

二年级学生及家长。

活动目标

目标	家长层面	学生层面
知识层面	了解每个孩子的喜好是不一样的，与"别人家的孩子"比会让孩子不舒服。	了解每个人的喜好是不一样的。
能力层面	能够了解孩子的喜好，鼓励他发展自己的喜好，能够让孩子与自己的过去比，看到成长。	能够了解自己的喜好，在父母的鼓励下发展自己的喜好。
态度层面	接纳每个孩子的喜好是不一样的。	接纳自己的喜好与别人不一样。

活动时间

二年级第二学期。

活动准备

（1）座位安排：全班分为6组，每组3—4个家庭。

（2）视听媒体：视频《破茧成蝶》，视频《我只是个孩子》，视频《每天进步一点点》，纯音乐《夏天》（*Summer*）。

（3）材料准备：亲子各1张喜好卡，每个孩子1张助力卡（毛毛虫的1节身体），1张彩纸（毛毛虫的头），若干磁力贴。

活动过程

一、热身活动：默契大比拼

（一）猜猜我的喜好

操作方式：孩子把自己最喜欢做的事和最不喜欢做的事写在喜好卡上，同时爸爸妈妈也把孩子最喜欢做的事和最不喜欢做的事写在喜好卡上。写完后父母与孩子互相看看喜好卡，亲子交流。（背景音乐:《夏天》）

《别人家的孩子》素材

在愉快的音乐声中，家长和孩子一起写孩子的喜好。孩子们写得比较快，音乐声结束的时候，所有的孩子都写好了喜好卡。家长们则有些困难，有几位家长一时无从下笔，其中一位爸爸嘴里咬着笔，东看看，西看看，不知道写什么。互相看喜好卡的时候，有的孩子比较认同爸爸妈妈给自己写的喜好，笑得很灿烂；有的孩子则认为家长写的不对，还有一个男孩请爸爸修改了喜好卡。

（二）分享感受

提问孩子：你写的是什么，家长给你写的是什么，一样吗？

提问家长：你和孩子写的不一样，你有什么感受？

一个女孩说，她最喜欢的是画画，最不喜欢的是跳绳，妈妈写对了最喜欢做的事，但最不喜欢做的事没写对。一个男孩说，他最喜欢的是游泳，最不喜欢的是打羽毛球，爸爸认为他最喜欢的是看电视，最不喜欢的是学围棋，爸爸写错了。还有一个男孩说，他最喜欢的是看电视，最不喜欢的是上兴趣班，最不喜欢的事爸爸写错了，他并不讨厌看课外书。当写的一样时，孩子和家长都很开心；当父母认为的与孩子不一样时，孩子大多是在反驳家长，有的还很生气。

当老师提出问题"你和孩子写的不一样，你有什么感受"时，教室里安静了下来，家长们若有所思。一位爸爸说，和孩子写的不一样，可能主要是因为成人在考虑事情时会想得更多一些，而孩子则更直观些，成人和孩子思考的角度不同。而更多的家长则认为主要原因是对孩子了解不够。一位妈妈的话让人印象深刻，她说我们每天陪着孩子，为孩子做很多的事，也对孩子有很多的要求，但是孩子心里最喜欢的到底是什么，他心里到底在想些什么，我们可能并不知道，或者说没有真正在乎过，只要他乖就好了，这是我们家长需要反思的地方。还有一位妈妈说，孩子慢慢长大了，他已经有了自己的想法和喜好，有时候和我们心目中认为的并不相同。

过渡：通过喜好卡，我们发现大部分爸爸妈妈比较了解自己的孩子，很有默契。但是也有一部分孩子最喜欢做与最不喜欢做的事，和爸爸妈妈认为的不一样。其实，在很多爸爸妈妈的心目中，一直住着一个很特别的孩子，让我们一起来看一看。

> **设计意图**：通过"猜猜我的喜好"，让孩子了解自己的喜好，让家长了解孩子的喜好；通过分享感受，让家长了解到孩子的喜好与自己认为的可能不一样，感悟到孩子慢慢长成一个独立的个体，有了自己的想法与喜好。

二、回忆生活点滴：别人家的孩子

（一）感受别人家的孩子

1. 呈现漫画《别人家的孩子》

内容介绍：五张漫画图描述了这样一个小孩——他有礼貌，见人就大方地打招呼；他爱学习，能主动完成学校老师布置的作业；他懂得心疼人，动嘴又动手，是一位超级小暖男，妈妈发烧了，会嘘寒又问暖；他学习好，身体棒，运动佳，性格开朗，气质不凡，有爱心，有教养，高智商，高情商，上知天文下知地理，精通多国语言。他有个特别的名字——别人家的孩子。

2. 分享感受

提问家长：你喜欢这个孩子吗？为什么？

提问孩子：爸爸妈妈有拿你和别人家的孩子比过吗？

再次提问家长：听了孩子们的回答，你有什么感受？

屏幕上出现《别人家的孩子》的漫画时，所有人的视线一下子都被吸引了过来。当老师问到"你喜欢这个孩子吗"，家长们笑了，有好几位家长点点头。一位妈妈说，那么省心，当然喜欢。有位爸爸说，那么自律，那么有礼貌，这样的孩子肯定招人喜欢。

当孩子们被问到"爸爸妈妈有拿你和别人家的孩子比过吗"这个问题时，一只只小手争先恐后地举了起来。有的孩子说数学考完后，妈妈会拿自己和别人比；有的孩子说在练琴的时候，妈妈就拿自己和别人家的孩子比；还有一个男孩说爸爸妈妈总拿隔壁孩子的英语成绩和自己比，自己的数学成绩更好一些，却从来没听爸爸表扬过。这时，老师追问："当你被这样比的时候，你会怎么做？"小男孩愣了一下说："很生气、很不服气，但是不知道怎么做。"一个女孩说："如果是我的话，这个时候心里肯定很难过，会躲进自己的房间里哭一会儿。"一个男孩则轻轻地说："那我就闭紧嘴巴，不和爸爸妈妈讲话了。"

父母听完孩子们的表达，有些震惊。一位妈妈说自己并不知道孩子是这种感受，她只是希望通过与别人家的孩子比较来激励孩子做得更好，却不知道孩子心里会那么不舒服。一位爸爸说拿别人家的孩子的优点来比，会让孩子无所适从，这样的比较方法不是很妥当。老师说："与别人家的孩子比，我们希望自己的孩子能变得更优秀、更懂事，而事实上却让孩子那么伤心、生气。这样比公平吗？让我们再回过头来看看喜好卡。"

（二）分析别人家的孩子

1. 小组活动：看看我的喜好卡

操作方式：孩子把自己的喜好卡放在桌子中间，家长和孩子一起仔细观察。组内交流"你发现了什么？组内的同学喜欢做的事情一样吗？"，时间1—2分钟。

2. 集体探讨：我们可以怎么比

提问：如果你最喜欢唱歌，他最喜欢跳舞，有人说你跳舞没他好，你们认为这样比，公平吗？

喜好卡被摆放在小组的中间，孩子和家长看得都很认真。一个女孩说，自己组内的同学喜欢做的事情都不一样，有的最喜欢画画，有的最喜欢游泳，有的最喜欢睡觉，有的最喜欢看电视。还有一个男孩说，他们组也都不一样。大家发现，每个人喜欢的事情并不相同，人人都有自己的喜好。

孩子们都说这样比不公平，因为每个人喜欢的事情是不一样的。爸爸妈妈感悟到，每个孩子不相同，喜欢的事物也不相同，所以拿别人家孩子擅长的地方和自己家的孩子比，并不公平。这时，老师追问家长："如果一定要比，我们可以怎么比，和谁比呢？"教室里有一瞬的安静，家长们认真地思考着。一位妈妈站起来说："我们不需要老是盯着别人家的孩子，每个孩子都不一样，其实，孩子可以和自己比，和自己的过去比。"家长们感悟到，每个孩子都是独一无二的，应该拿自己孩子的现在与过去比，看看有没有进步，有没有成长，而不是拿自己孩子的短处与别人家的孩子的长处来比。

过渡：爸爸妈妈，每个孩子都是不一样的。拿孩子的短处与别人的长处比不公平。我们不需要和别人家的孩子比，但是可以让孩子和自己比，和自己的过去比。只要比过去有进步，只要努力了，就是最棒的！所以现在，让我们把关注点转回到自己的孩子，让我们再来看看喜好卡。

> 设计意图：通过呈现漫画、分享感受，让家长了解到与"别人家的孩子"比会让孩子不舒服；通过"看看我的喜好卡"，让亲子了解并接纳每个孩子的喜好是不一样的；通过集体探讨我们可以怎么比，让家长了解与孩子的过去比，看到孩子的成长，是一种更好的比较方法。

三、破茧成蝶：自己家的孩子

（一）我们是毛毛虫

1. 孩子画出自己最喜欢的事

操作方式：请孩子在喜欢的事中，选一个最喜欢的能够发展成特长的事物，把它画在助力卡上。要求孩子画，家长静静在旁观察。时间 1—2 分钟，画完之后，全班分享。

2. 家长书写助力卡

操作方式：孩子现在最喜欢的事，以后可能会成为他的兴趣，也可能成为他的特长。爸爸妈妈一定愿意成为孩子兴趣的助力！那么，在行动上你们会怎么支持孩子呢？请家长思考，并把行动支持方案写在助力卡上。时间 1—2 分钟，完成之后，全班分享。

3. 共同创作毛毛虫

操作方式：请所有的家长和孩子携手把助力卡贴在黑板上，每 1 张助力卡就是 1 节毛毛虫的身体。教师把毛毛虫的头粘在最前端，与助力卡一起组成一条毛毛虫。

有的孩子说自己最喜欢跳舞；有的孩子说最喜欢书法；有的孩子表示最想一直坚持下去的是画画，希望画画以后可以成为自己的特长。

在分享助力卡环节，有位妈妈说，孩子最喜欢的事是下围棋，她坚持每次都陪孩子去上围棋兴趣班，今后还会再多花些时间和孩子切磋棋艺。有位家长和孩子制订出了游泳的时间计划表。父母愿成为孩子最坚强的后盾，希望孩子能在自己感兴趣的道路上坚持到底。

亲子携手将助力卡一张一张连接成毛毛虫的身体，在大家的努力下，毛毛虫的身体拼接得又长又漂亮。

（二）毛毛虫变蝴蝶

1. 呈现视频《破茧成蝶》

内容简介：视频呈现了毛毛虫不停地扭动身子，从蛹中挣扎出来，最后变成一只美丽蝴蝶的过程。

提问：看了毛毛虫的蜕变过程，你有什么感受？

2. 呈现视频《每天进步一点点》

内容简介：这是来自泰国的一段小视频，讲述了一个妈妈陪伴孩子成长的故事。教练说孩子足球基本功不是很好，妈妈却对孩子说："教练说你很努力。"在训练中，孩子已经很努力了，却依然追不上伙伴，沮丧的时候，妈妈对他说："没关系，努力超过前面那个人就好。"在比赛中，他很努力地奔跑，看到了观众席上为他加油打气的妈妈，想到了曾经努力练习的画面，终于为自己的队伍争得一分。"我可能不是最好的妈妈，因为我并不想我的孩子总是第一名。我只是希望他每天超越自己一点点！"这是妈妈的心声。

提问：看了这个视频，你有什么感受？

看着视频中的毛毛虫，不停地扭动身体，最后成功破茧而出，变成一只美丽的花蝴蝶，孩子们眼睛亮晶晶的，发出了惊叹声。家长们说孩子长大的过程就像毛毛虫的蜕变，在这个过程中可能会犯错，会很艰难，但是，只要努力、坚持、不放弃，那么，一定能成长为更好的自己。孩子们觉得只要不停地努力，总有一天自己会变得很棒，总有一天自己也会变成一只花蝴蝶！

看完《每天进步一点点》，教室里静极了，很多妈妈的眼睛都红了。孩子们都说，以后要向踢足球的小男孩学习，努力坚持，每天进步一点点。一位妈妈说，看着视频中的孩子取得进步时的开心、雀跃，她的心情也很激动，以后会和女儿一起，克服困难，迎接挑战。一位爸爸说，其实陪伴孩子成长真的需要家长有更多的耐心，不要太急功近利；和自己比，每天有点小进步，能让孩子更积极向上。

过渡：只要努力和坚持，每天只需要进步一点点，每一条毛毛虫都可以成为最美丽的蝴蝶，每一个孩子都可以成为更好的自己！在活动的最后，让我们再来听听孩子的心声。

> 设计意图：通过"我们是毛毛虫"的活动和视频《破茧成蝶》，让亲子感悟到从喜好变成特长，需要给孩子时间去努力，也需要父母不断助力；只要努力坚持，毛毛虫一定可以变成蝴蝶。通过视频《每天进步一点点》，让家长懂得在助力孩子的过程中，要更多地让孩子与他的过去比，看到进步，看到成长，相信孩子只要付出努力不放弃，一定可以成为更好的自己。

四、感悟升华：让我们做自己

（一）呈现视频《我只是个孩子》

视频简介：这是一个 9 岁男孩的真实心声。他将别人家的孩子写进歌里，他用歌声唱出与别人家的孩子比，带给自己的压力与不快，"隔壁邻居小明期末又考了第一，王大妈的孙女钢琴过了十级……"

《我只是个孩子》唱出了孩子们的心声，孩子们看得很认真，爸爸妈妈们也听得很专注，有的家长搂着孩子，有的家长紧握着孩子的手。是的，爸爸妈妈们通过今天的活动都听到了、理解了、读懂了孩子的需求。

（二）分享感受

课已接近尾声，我们再次听到了孩子的心声。最后，请家长们分享一下今天活动的感受。

一位妈妈说，今天这堂课，让她感触很深，以前常常拿孩子和别人比较，从来没有意识到会打击孩子，以后在比较的时候，会注意方式方法，让孩子与自己的过去比，让她成为更好的自己。一位爸爸说，每个孩子都有自己喜欢做的事，都是不同的，以后会尊重孩子合理的诉求。一位家长说，视频中的妈妈让她印象深刻，以后会支持、鼓励孩子发展自己的兴趣爱好。

活动结束后，全场掌声雷动。有一位家长在课后感谢老师，他表示以前从来没有想到常常与别的孩子比较会给孩子带来伤害，会起到反效果，以后一定会注意避免。

结语：每个孩子都是独一无二的，都有自己的特点和喜欢的事情。孩子不需要和别人比，但可以和自己比，和自己的过去比。孩子会努力，也会坚持，请爸爸妈妈多给他们一些力量。愿孩子们通过自己的努力和爸爸妈妈的支持，能够每天进步一点点，能够成为更快乐的自己，做更好的自己！

> 设计意图：通过视频，让家长再一次听到孩子的心声，进一步感悟到每个孩子都是独一无二的，而与"别人家的孩子比"会让孩子很不舒服。通过分享交流，让家长感悟到在父母的支持与鼓励下，孩子能更好地发展自己的喜好，能成长得更好。

小学中段 我很特别

设计者：高丽敏
指导者：蔡迎春

学情分析

　　世界上没有两片完全相同的树叶，人与人之间也是有差异的。有的人语言表达能力特别强，有的人动手能力特别强；有的人爱唱，有的人爱跳；有的人爱写，有的人爱画；有的人文静细腻，有的人开朗活泼……。即使同一个孩子在不同的阶段，表现也会有差异。在现实生活中，大家都明白人跟人是不一样的，但真正去接纳、认同这一点，其实很难。作为家长，要接纳自己的孩子跟别人不一样，特别是令人不太满意的方面，是需要很大勇气的。四年级的孩子正处在从他人的评价转向自我评价的过渡阶段，他们渐渐地会发现自己身上的不足。帮助孩子学会接纳自己的一切，感受自己是独特的，对他们的成长来说，十分重要。

　　本课聚焦孩子的差异，邀请亲子双方进入课堂，帮助家长看到每个孩子都有各自的特点，每个孩子的成长速度也不尽相同；帮助孩子发现自己的特别之处，接纳自己与别人的不同。

活动对象

　　四年级学生及家长。

活动目标

目标	家长层面	学生层面
知识层面	了解到每个孩子的特点都不一样，发展的速度也存在差异。	了解到每个人都是不一样的，有自己的独特之处。
能力层面	能够多元化地看待孩子的发展。	在父母的帮助下，学会发现自己的独特之处。
态度层面	接纳孩子跟别人不一样，允许孩子有自己的发展速度。	接纳自己的独特之处。

活动时间

四年级第二学期。

活动准备

（1）座位安排：孩子和家长各3组，每组6—8人，孩子组和家长组一一对应。

（2）视听媒体：纯音乐《童年记忆》。

（3）课前准备：每个孩子用自己喜欢的颜色，在A4纸上拓上自己的手印。教师收集所有孩子的手印，并制作成1张PPT。

（4）材料准备：1个装有9张词语卡片的盒子，每人3张A4纸。每个小组1盒星星贴纸、1盒灰点点贴纸。

活动过程

一、暖身活动：我们不一样

（一）撕纸游戏，发现不同

操作方式：教师说指导语"听提示折纸撕纸，不能左顾右盼、东张西望"。请大家听指令折纸撕纸：对折，再对折，撕一个角，再对折，再撕一个角。游戏结束，请大家打开纸并互相观察。

提问孩子：观察一下自己和旁边同学的纸，有什么发现吗？

提问家长：为什么拿同样的纸，听同样的指令操作，却呈现了不一样的结果？

听清楚规则后，家长和孩子们认真地按要求折纸撕纸。最后打开纸，孩子和家长都觉得奇怪。你看我，我看你，手中的纸，图案各式各样，竟然都不相同。让他们在小组内两两比一比，竟然找不出两张相同的。大家都觉得很有趣也很纳闷。采访家长的时候，有一位家长说，有的是横着对折，有的是竖着对折，一开始就不一样了，撕的角大小也不一样。有一位家长说，因为我们都是不一样的，我们想的不一样，折的撕的不一样，结果也就不一样了。

（二）"魔盒"游戏，发现自己

操作方式：在"魔盒"中有9张不同颜色的纸条，其中，红色纸条写的是不同的外表特征，黄色纸条写的是不同的兴趣，蓝色纸条写的是不同的性格特点。教师从"魔盒"中按照红—黄—蓝的顺序抽取纸条，请孩子对照特点，觉得跟自己相符合的站起来，做出相应的动作。与红色纸条符合的孩子，挥挥手；与黄色纸条相符合的孩子，拍拍手；与蓝色纸条相符合的孩子，跺跺脚。

提问家长：当孩子们玩这个游戏时，你发现了什么？

我们是不一样的，那么，到底有哪些不同呢？在"魔盒"游戏中，当老师抽出"短头发""穿球鞋""戴眼镜"的这一组表示外表特征的红色词卡时，家长们发现孩子们很快就站了起来；当老师抽出"喜欢画画""喜欢打球""喜欢看书"这一组表示兴趣特点的黄色词卡时，孩子们的速度稍慢了一些；而当抽出"大胆的""文静的""直爽的"这些表现性格特点的蓝色词卡时，有的孩子犹豫了，有的孩子站起来又坐下去，有的孩子是在同学的召唤下站起来的。家长们发现，我们的孩子不仅外表长得不一样，兴趣爱好也不同；有的虽然兴趣相同，但性格特点也不一样。当然，对于性格特点的认识，孩子们还在探索中。但可以肯定的是，每个孩子都是独一无二的。

过渡：虽然我们拿到的是同样的纸，听的是同样的指令，但每个人的理解不一样，行为也不一样。因为我们都是不一样的人！我们外表长得不一样，兴趣爱好和性格特点也可能不一样。我们每个人，都有自己的特点。那么，这些特点，在别人眼中是怎样的呢？

> 设计意图：通过简单易操作的撕纸游戏，帮助亲子双方感悟到每个人都是不一样的；通过"魔盒"游戏帮助亲子双方更具体地认识到，每个人都有自己的特点。

二、话题聚焦：我有灰点点

（一）贴贴纸游戏：感受灰点点

1. 游戏体验

操作方式：每人从桌上分别取 6 张星星贴纸和 6 张灰点点贴纸。在老师发出指令后，全场走动，每人按照自己的喜好任意给其他人（包括家长、学生和老师）贴贴纸。12 张贴纸需贴在 12 个不同的人身上，时间 1 分钟。贴完后回到座位。

2. 角色代入

操作方式：假设被贴星星代表得到了好的评价，被贴灰点点代表得到了不好的评价。请家长和孩子看一看自己身上贴的星星和灰点点，角色代入，闭上眼睛体验 30 秒，然后在小组内分享感受。完成后，每个小组派 1 个代表分享感受。

贴贴纸现场热火朝天。有的人，见人就贴；有的人，只找关系好的贴。有的人贴之前，还问问对方："我可以给你贴吗？你喜欢哪张贴纸？"被遵循意见的、贴到喜欢的贴纸的人，就显得特别愉快。贴纸游戏结束后，参与者们各个"造型奇特、风格迥异"。当然，有些人身上被贴了很多，有些人则很少；有些人星星更多，有些人灰点点更多。不过，有个小女孩身上全是灰点点。大家看着特别的自己与他人，相视而笑。

老师公布角色代入规则后，大家面面相觑。全班分享时，那个全身被贴满灰点点的女孩急着站起来代表小组发言："虽然我身上都是灰点点，但是我很开心。因为贴我的人，都很懂我，知道我最喜欢灰色。但是，老师后来假设灰点点代表不好的评价，我刚刚感受了一下，觉得假如真的给了我那么多灰点点，大家都不喜欢我，我会很难受很难受。"家长组的一位代表也分享了差不多的体验："被贴星星得到好评当然会开心，不被认可都会不开心。"最后，老师也分享了感受："今天老师也被贴了很多贴纸，有星星也有灰点点。事前我知道星星和灰点点代表的意义，在贴纸游戏时，好希望大家都给我贴星星。"听到这儿，孩子们都笑了。

（二）从游戏到生活：灰点点不好受

通过提问的方式，全班分享生活中被贴星星和灰点点后的经历及感受。

提问孩子：你有过被贴星星的经历吗？当时有什么感受？

提问家长：你有过给孩子贴星星的经历吗？

提问孩子：你有过被贴灰点点的经历吗？当时有什么感受？

提问家长：你有过给孩子贴灰点点的经历吗？

我们很多人，尤其是孩子都曾有过这样的经历：因为放学一回家就写作业被贴星星了；因为考试取得了好成绩被贴星星了；因为告诉家长在学校做了一件好事被贴星星了。但有时也会因为各种原因被贴灰点点：因为跟同学吵架了；因为撒谎被爸爸妈妈知道了；因为考试考砸了……。能明显感受到孩子们在讲述被贴星星的事情时脸上洋溢的那种自豪、满足的神情，这种回忆是开心和美好的。反之，孩子们在叙述被贴灰点点的事情时表现出沮丧、无奈、自卑，甚至是生气和愤怒。这时，有位家长站起来说："其实我们也不想总给孩子贴灰点点，但忍不住就会去贴，主要还是为了他好呀！"老师点头表示理解的同时，追问家长："给孩子贴很多灰点点真得能让他变得更好吗？"

那个全身贴满灰点点的小女孩又站了起来，她说："如果真的被贴了那么多灰点点，我会觉得很难受，不会再变得更好。"好几个孩子都很有共鸣，因为经常被家长贴灰点点，会感觉到自己很没用；觉得自己很差劲儿；觉得不再有光明了……。这是孩子们被贴灰点点的真实感受。这样的感受深深触动着在座的每一位家长，有位妈妈说出了大家的心声：我们在给孩子贴灰点点的时候，往往忽略了孩子的感受，没想到给孩子带来这么大的影响；我们以为是为孩子好，没想到反而伤害了他们，以后少贴最好是不要贴灰点点了；即使贴灰点点，也要让孩子把话说完……"

过渡：贴贴纸游戏，仿佛是一个现实生活的缩影。在生活中，不论是家长、老师还是同学，也经常给别人贴星星或者灰点点。如果总被贴灰点点，孩子会很不舒服。灰点点贴着贴着，孩子就越来越自卑了。其实，有没有想过，灰点点，也就是个点而已。接下来，让我们一起解决灰点点。

> **设计意图**：通过贴贴纸游戏，帮助亲子双方认识并感受到，来自他人的评价，无论好坏，都会影响到孩子；而现实经历及感受的分享，更进一步地帮助亲子特别是父母感受到，负性评价对孩子的极大影响。

三、解决问题：发现独特之处

（一）去掉灰点点

1. 我的星星和灰点点

操作方式：每个人拿 1 张 A4 纸，中间对折后展开，作为《星星和灰点点记录单》，亲子双方分别填写。孩子填写的内容是"父母眼中的我"，在 A4 纸的左半边写下自己在父母眼中的星星（优点），在右半边写下在父母眼中的灰点点（缺点）。父母填写的内容是"我眼中的孩子"，左半边写星星（优点），右半边写灰点点（缺点）。时间 1 分钟。

2. 灰点点的穿越

操作方式：小组每位成员把自己的《星星和灰点点记录单》放到中间，互相看一看，然后思考并讨论，左边的星星（优点）能"穿越"到右边变成灰点点（缺点）吗？右边的灰点点（缺点）能"穿越"左边变成星星（优点）吗？讨论结束后，派代表全班分享。

孩子们在写"父母眼中的我"时，下笔很快。有些孩子右边写的灰点点很多，左边的星星却很少。大部分家长则先思考了一会儿才动笔。其中，有位爸爸右边写了很多，但左边实在写不出，是空白的。

在星星和灰点点"穿越"的讨论中，孩子组显得很兴奋。有个孩子说："我觉得爸爸妈妈看我的这个缺点吧，其实也有它的优势。我虽然毛躁，但动作快呀！"另一个孩子说："爸爸妈妈一直嫌弃我不稳重，可是邻居阿姨还夸我活泼开朗有灵气呢！"家长组的讨论就显得更为深入。当把《星星和灰点点记录单》放到中间，特别是讨论别的孩子的优缺点时，爸爸妈妈们就显得客观多了。有位妈妈在灰点点部分写了女儿性子比较慢，写作业速度很慢。旁边的家长就说："这慢性子啊，生活中很好，别人已经火烧眉毛了，她还没一点儿感觉，自我幸福感以后肯定很高。"先分享的那位妈妈就笑了："这倒是的，虽然作业写得慢，不过慢工出细活，她写出来的字迹可真是工整。"那个左边什么都没写的爸爸，在组内被妈妈们"群起而攻之"后，开始认真反思，后来把2个灰点点移到了左边，改成了星星。

讨论中，大家发现有很多灰点点都可以"穿越"成为星星。有位家长说："缺点优点其实是看具体的事情。在不同的情况下，同一特点可能有时是缺点，有时是优点。"老师跟进追问："是呀，不是优点也不是缺点，而是特点。那么，为什么这个特点会到左边或者右边呢？请大家想一想，中间的那条线是什么？"过了好一会儿，一位家长站起来说："可能是社会的评价、大多数人的看法，有的时候或许只是个人的看法。"马上有个孩子站起来说："有的缺点可能只是爸爸妈妈认为的缺点。"

通过讨论和碰撞，大家发现中间那条线其实是我们的评价标准。"那么，标准是单一的吗？是统一的吗？"老师继续追问。这时，那个说女儿写作业慢的妈妈站起来说："其实，如果我们能更好地接纳孩子的特点，更多元地看待孩子的特点，特点就能发挥出更多的优势。但很多时候，我们往往希望孩子既能写得字迹工整，又能速度很快，其实这是不太现实的。"听了这话，旁边的女儿一直抿着嘴巴笑。确实，优点也好，缺点也罢，只是我们的特点而已。

（二）我有我特点

座位调整：对应组家长、孩子位置调整，家长坐在孩子的身边。

操作方式：亲子一对一，在 A4 纸上用笔将孩子撑开的一双小手的轮廓画下来。然后在小手掌中间，郑重地写下"你很特别"这几个字。家长和孩子根据各自填写的《星星和灰点点记录单》商量讨论，转换角度，一起发现孩子的特点。讨论完后，在十个手指的位置写下孩子的特别之处。活动结束后，请 2—3 个孩子展现作品并分享交流。

家长们用笔画下孩子小手并写下"你很特别"的那一刻，场面非常温馨。当要写出孩子的十个特别之处时，有些家长和孩子还是遇到了挑战。但是，当家长们愿意更多元看待孩子的特点时，孩子们开始感受到父母的接纳，愿意一起来讨论"父母眼中的星星和灰点点"，一起寻找他的独特之处，如：放学一回到家就写作业；经常帮家长做家务；有时会主动照顾弟弟妹妹；待人很热情，有礼貌；同情弱小；其实很乐观、很爱笑；还有如爱搞怪、爱臭美、有时候有小脾气……

在分享时，有个女孩骄傲地说，她在爸爸眼中是一个爱唱歌、性格开朗、乐于助人、有爱心的孩子；有个男孩大声地告诉大家，他在妈妈眼中，是个孝顺、诚实、善良的孩子。有位妈妈谈到她家的孩子什么事都想得开，心态特别好。刚刚那个男孩的妈妈也站起来说："我是一个不太会表达的人，但今天站起来想跟大家说，我儿子是个特别孝顺的孩子，奶奶腿脚不好，他上学前、放学后都会和奶奶去打招呼，有什么好吃的，也都想着奶奶。很多事情，他都很努力，不管成绩怎样，在我心目中，他都是很棒很棒的！"有位爸爸接着说："其实，我们每个孩子都不一样，发展的速度也有慢有快，要相信孩子，不要急于求成，要静等花开。"言辞间，我们再一次感受到了父母爱的表达和对孩子的接纳。

过渡：爸爸妈妈，你们是孩子生命中的重要他人，你们对孩子有着极大的影响力。很高兴，今天，你们和孩子一起来寻找他的独特之处，记住，不是优点，不是缺点，而是特点。不管今天有没有写满十个指头，请你们一定记住，每个孩子都很特别，他们的特点不一样，发展的速度也存在差异，而你们的爱和接纳，是使孩子成为他自己的最重要的力量。孩子们，爸爸妈妈其实一直很在乎你们,请一定记住:"你很特别!"还记得课前大家拓下的彩色小手印吗?让我们一起去看看!

> **设计意图**:通过"星星和灰点点"的穿越讨论,帮助家长明白,优点和缺点都是特点;通过亲子画作"我有我特点",帮助孩子发现自己的独特之处,同时,也帮助家长更好地接纳孩子的独特之处,允许孩子有自己的发展速度。

四、梳理感悟:我很特别

(一)呈现彩色小手印

PPT呈现课前孩子们拓下的彩色小手印,老师旁白(背景音乐:《童年记忆》):爸爸妈妈,孩子们,大家看,这就是我们班孩子的手。这些小手印颜色不一,大小不一,轻重也不一样。俗话说得好,世界上没有两片完全相同的树叶,人与人之间也是有差异的。有的人语言表达能力特别强,有的人动手能力特别强;有的人爱唱,有的人爱跳;有的人爱写,有的人爱画;有的人文静细腻,有的人开朗活泼……。即使同一个孩子在不同的阶段,表现也会有所不同。每个孩子都很特别!

一看到彩色小手印,孩子们就显得很激动。他们忍不住边说边指,急着要告诉爸爸妈妈哪个是自己的手印。家长们也有些激动。

(二)大声说出你很特别

请家长把写满孩子特别之处的小手画郑重地交给孩子,并用自己喜欢的方式对孩子说:"我觉得你很特别!我爱你!"

家长和孩子,有的面对面,有的握着双手,氛围很温馨。听到爸爸妈妈说"我觉得你很特别!我爱你!"的时候,有的孩子忍不住掉下了眼泪。老师也忍不住大声对孩子们说:"我觉得你们很特别!我爱你们!"

结语：孩子们，你们有着自己的独特之处，你就是你，你们都是独一无二的。爸爸妈妈，接纳、赏识我们的孩子，能让他们自信满满，能让他们健康快乐地成长。最后，让我们一起面对自己的孩子说："我觉得你很特别！我爱你！"

> **设计意图**：通过彩色小手印的呈现，再次帮助孩子感受到每个人都不一样，各自都有独特之处，帮助父母多元化地看待孩子的发展；通过父母"我觉得你很特别"的大声表达，帮助父母强化内心对孩子的无条件接纳，同时，也让孩子感受父母爱的力量。

小学高段 兴趣，我有我的选择

设计者：沈 赟
指导者：周 昀　周颖芳

学情分析

现在，家长对孩子的教育越来越重视，各项教育投入也越来越多。很多家长唯恐孩子输在"起跑线"上，导致市场上各种培训班、兴趣班异常火爆。小学高段学生面临小升初，家长们对孩子未来的发展也十分焦虑。在这样的氛围下，一些家长会给孩子报很多的兴趣班。在选择兴趣班的时候，家长往往会从"有用"的角度来考虑，目光主要集中在帮助学生考证、加分以及提升学习成绩的培训项目上，却忽视了孩子真正的兴趣。

本课聚焦孩子兴趣班的选择，通过对兴趣的讨论，让亲子双方认识到每个人的兴趣存在差异，在选择兴趣班时能够真正地从孩子的兴趣出发。同时，创设亲子讨论的机会，让孩子有机会探索自己的兴趣，和父母协商决定兴趣班的选择。

活动对象

六年级学生及家长。

活动目标

目标	家长层面	学生层面
知识层面	了解到每个孩子都有自己的兴趣，而且各不相同。	了解到每个人都有自己的兴趣，而且各不相同。
能力层面	能够和孩子讨论选择兴趣班的理由，协商决定兴趣班的选择。	能够合理地表达对兴趣班的诉求，和家长协商决定兴趣班的选择。
态度层面	接纳和尊重孩子不一样的兴趣选择。	接纳父母对学业和兴趣冲突的担心。

活动时间

六年级第一学期。

活动准备

（1）座位安排：孩子和家长各3组，每组6—8人，孩子组与家长组一一对应。

（2）视听媒体：视频片段《上不完的兴趣班》《我们选择兴趣班的理由》，纯音乐《晨露》、《牵起我的手》(Take My Hand)、《天使的希望》(Angel of Hope)、《天空之城》。

（3）材料准备：3张海报纸（1张兴趣统计表、家长组和孩子组各1张海报），每组3张A3纸、2支记号笔。

活动过程

一、心灵感应：猜猜我的兴趣

（一）写写我的兴趣

孩子和家长分别完成《兴趣，我有我的选择》学生调查表、家长调查表中的任务一"写写我的兴趣"，填写自己的兴趣。（背景音乐：《晨露》）

《兴趣，我有我的选择》素材

刚拿到调查表要求大家完成任务一的时候，孩子们马上开始动笔写自己的兴趣，有的孩子能一口气写好几个。而有些家长拿到后却有点无从下笔。总的来看，家长写的兴趣比孩子写的要少。

（二）亲子互猜兴趣

请2—3组亲子互猜对方的兴趣，并说说你为什么这么猜。

在这个过程中，说说为什么这么猜，理由有"爸爸一有空就打篮球""每次看小说就能看好几个小时""每次打羽毛球时就很开心"……，孩子们在猜测家长的兴趣时又快又准,但是有些家长猜孩子的兴趣时却遇到困难。好几个家长都猜玩手机游戏是孩子最大的兴趣,结果遭到了孩子的否认。好几个家长猜错了,当发现自己并不了解孩子的兴趣时,他们显得有些尴尬,有的就当场追问起孩子来。

过渡:通过刚才的调查活动,我们知道了每个人的兴趣都是不同的,兴趣让人觉得有趣,让人感到快乐,并愿意为之投入时间和精力。据我了解,我们班很多孩子都参加了兴趣班。那孩子们在兴趣班里的感觉是怎么样的呢?接下来,我们来看一段小视频《上不完的兴趣班》。

> 设计意图:通过写自己的兴趣和互猜兴趣活动,让亲子了解到兴趣能让人感到快乐,并愿意为之投入时间和精力,每个人的兴趣是不一样的。通过活动,也让亲子进一步了解了对方的兴趣。

二、话题聚焦:我们的兴趣班

(一)呈现视频《上不完的兴趣班》

视频简介:视频来自网络,是电视剧《虎妈猫爸》片段剪辑,借虎妈和猫爸对女儿茜茜选报兴趣班展开话题,开展了有关孩子兴趣班的社会调查,家长们出于全面发展的考虑,给孩子报了各种兴趣班,钢琴、绘画、速算、足球、羽毛球、游泳、国际象棋、舞蹈、戏曲……,但孩子在兴趣班中的感受并不如家长所想的那样好,甚至有孩子觉得兴趣班无聊,不想去上。

提问:看完视频,你有什么感受?

看视频的时候,很多孩子和家长相视一笑。看完后分享感受的时候,有孩子说:"我也是这样的,有很多的兴趣班,双休日基本都泡在兴趣班。"有孩子说:"我对视频中的同学表示理解。"报兴趣班的孩子很多,且报的项目也比较多。

在家长分享的时候,有家长说自己孩子的兴趣班也有5个,周末确实很少有休息时间，其实作为家长也不想这样让孩子疲累奔波在往返兴趣班的路上，但是大环境如此，也实在无奈，所以为了孩子的将来，也就只能给她报这些兴趣班。很多家长都表示赞同。

（二）调查统计《我们的兴趣班》

1. 我的兴趣班

孩子和家长分别完成《兴趣，我有我的选择》学生调查表、家长调查表中的任务二"喜欢的兴趣班"，并统计孩子参加的兴趣班总数和喜欢的兴趣班数量。（背景音乐：《牵起我的手》）

2. 我们的兴趣班

以小组为单位，统计各组成员参加的兴趣班以及喜欢的兴趣班的数量（最多、最少），并呈现在海报纸上。

提问：看看统计表中的这些数据，你有什么感受？

统计显示，大部分孩子参加了4—5个兴趣班，多的孩子参加了7个兴趣班，只有2个孩子没有参加兴趣班。这些兴趣班有关于语文、数学、英语、书法、写作、羽毛球、游泳、舞蹈、国际象棋等的，还有关于初小衔接的。其中很多是关于文化课的。而在喜欢的兴趣班统计栏中，绝大部分孩子都有不喜欢的兴趣班。甚至有个孩子参加的6个兴趣班中有5个是自己不喜欢的。而家长虽然承认孩子参加的兴趣班中会有孩子不喜欢的，但认为大多数的兴趣班孩子是感兴趣的。数字的对比清晰又直观，家长们感受到了孩子对兴趣班的无奈。

过渡：通过调查我们发现，孩子参加的兴趣班普遍较多。兴趣是让人觉得有趣、感到快乐、愿意为之投入时间和精力的活动。可孩子们在兴趣班中的感觉却不是如此。据我所知，爸爸妈妈和孩子在兴趣班的选择上，还是存在分歧的。接下来，我们就来讨论关于兴趣班的选择问题。

> 设计意图：视频《上不完的兴趣班》引起了大家对兴趣班的关注。通过调查孩子参与的兴趣班，了解到有较多"被动的兴趣"选择，孩子的感受不好。通过对这一现状的调查，用具体的数据引起家长的重视，从而思考如何为孩子选择兴趣班。

三、协商解决：兴趣班的选择

（一）小组讨论，陈述理由

1. 分享各自的理由

操作方式：采用小组讨论的方式进行。孩子组讨论的话题是"喜欢这个兴趣班的原因，不喜欢这个兴趣班的原因"；家长组讨论的话题是"我给孩子选择这些兴趣班的理由"。将孩子组喜欢和不喜欢的原因分别记录在 2 张 A3 纸上，并贴在相应的海报纸上。讨论完成后，各组派代表分享，孩子组先分享，家长组后分享。（背景音乐：《天使的希望》）

2. 播放视频《我们选择兴趣班的理由》

视频简介：视频来自网络，街头调查家长给孩子报兴趣班的理由，有家长是出于自身的意愿，也有因为现在的社会竞争压力大，希望孩子能多学一点东西，能够发展得更全面，或者说现在学是为了以后不会因为没有学习而遗憾，而且上兴趣班有各种好处，等等。在孩子兴趣班的选择上，虽然家长可以完全参照孩子的意见，尊重孩子的兴趣，但是他们也承认会有对孩子的兴趣加以引导，甚至将自己的意愿灌输给孩子。

各组讨论都很热烈，纷纷表达自己的想法，并把自己的想法用记号笔写在 A3 纸上，贴到相应的海报上。

孩子分享理由，喜欢是因为兴趣班"有趣""增长知识""带来好处""有用""好玩""是自己擅长的"等，"因为它能给我带来快乐，在伤心的时候让我感到愉快"。不喜欢是因为"老师太严厉，讲课太无聊""枯燥""太难""占用课余时间"等，其中每张汇报单中都有"无聊"二字。

家长分享给孩子报兴趣班的理由，包括"为了孩子的兴趣爱好""为了提高成绩""增长见识，拓展眼界""为了让孩子有一技之长""为了升学""比在家有更多的学习时间和学习机会""在家没人管""减少在家游戏时间""孩子喜欢"等。在这些理由中我们看到了有孩子喜欢的原因，但更多的是出于家长的意愿和对孩子的学业与未来发展的担心。课堂上家长的陈述和视频《我们选择兴趣班的理由》中的家长调查结果基本一致，很多家长表示，这也是在当今社会竞争压力下的无奈之举。

(二)全班探讨,达成共识

过渡:在兴趣班的选择上,还有什么重要的因素是被我们忽视的?

在全班讨论更重要的因素时,有一位家长说道:"一直以来,我以为孩子肯定是喜欢游泳的,可是没有想到孩子在游泳课上的感觉竟然会是无聊和枯燥。看来我并不了解孩子。"还有家长分享说,自己在给孩子选兴趣班的时候总是从"我以为对孩子有用"或者"我认为很重要"来考虑。但是没有想到,孩子参加的兴趣班并不是他真正感兴趣的,甚至还认为是浪费时间。看来兴趣班和兴趣不是一码事。一位爸爸说:"其实我也知道孩子在奥数班里学得并不开心。让孩子学他不擅长的奥数,我们家长也很无奈。大家都在学,就他不学,到后来吃亏就来不及了。"

家长出于对孩子未来的考虑,给孩子报名了很多兴趣班。的确,兴趣班有很多好处,但实际上有相当多的孩子在参加一些兴趣班时是不舒服的,他们会觉得无聊。在写自己感兴趣的活动时,我们能看到每个孩子的兴趣是如此不同。家长都没有想到有孩子会把奥数作为自己的兴趣。通过讨论,家长们都意识到,兴趣班的选择要考虑孩子们的感觉,因为每个孩子都是不一样的,要听听孩子的想法,尊重孩子的选择。

过渡:通过小组讨论和全班分享,孩子表达了自己上兴趣班的感受,爸爸妈妈也表达了为孩子选择兴趣班的理由。的确,在选择兴趣班时,我们忽视了一个很重要的因素:每个孩子是不一样的。兴趣班的选择需要充分考虑孩子自身的兴趣。接下来的假期,孩子们又会参加各种各样的兴趣班。现在,让爸爸妈妈和孩子一起协商兴趣班的选择吧。

> 设计意图:通过小组讨论后的理由陈述,让亲子听到了在兴趣班的选择上双方不同的立场和感受。通过全班讨论,促使家长反思不能仅凭自身的意愿来为孩子做决定,选择兴趣班时要更多考虑每个孩子不同的兴趣,要接纳和尊重孩子不一样的兴趣选择。

四、亲子面对面：我爱我的兴趣班

座位调整，对应组家长、孩子位置调整，家长坐在孩子的身边。

（一）协商兴趣班

完成《兴趣，我有我的选择》亲子协商表中的任务三"一起来协商"，家长和孩子一起商定下一阶段的兴趣班选报。（背景音乐：《天空之城》）

调整好座位后，亲子一起商量，很多孩子都写了自己想报的兴趣班，家长也在旁边参与讨论，在背景音乐的衬托下，课堂氛围显得更加和谐温馨。

（二）应对亲子分歧

提问：亲子间已经有达成共识的，也有部分仍存在分歧。面对分歧，我们可以怎么做？

在这个过程中，家长们纷纷表示，只要和孩子一起坐下来讨论，去听听孩子的想法，了解孩子的需求，同时也让孩子了解自己的想法，要"求同存异"。

结语：每个人都有自己的兴趣，而且是如此不同。爸爸妈妈，在选择兴趣班时，不能仅仅根据自己的意愿，更需要考虑孩子自身的兴趣，和孩子商量。孩子们也要探索、发现自己的兴趣。在选择兴趣班时，要听一听爸爸妈妈的想法，也要合理地表达自身的诉求，一起协商决定。让我们一起努力，选择更适合自己的兴趣班，获得更好的发展。

> 设计意图：通过亲子面对面，回到孩子实际来商讨兴趣班的选择，有针对性地解决现实生活中的问题。应对亲子分歧的讨论，让家长和孩子学会倾听对方的想法，接纳双方不同的立场，学会协商解决。

初中段 规划，我有我的未来

设计者：朱艳娜
指导者：蔡迎春

学情分析

初中阶段，孩子将面临人生第一次重要的选择和挑战。他们对未来有自己的设想，或许是成型的，或许是不成熟的，或许是实际的，或许是天马行空的。在人生的道路上，他们对未来的规划是逐渐形成的。当面临选择时，家长们更多地关注学习成绩，孩子们则更多地关注自己的兴趣、需求和个人价值观。亲子彼此需要聆听对方的想法，家长要了解孩子的真实想法，真正尊重孩子，接纳每个孩子走的路是不一样的。孩子要明白自己是人生道路的主人，而父母是陪伴自己成长最重要的人，需要学习如何向父母寻求支持。

本课聚焦人生规划，通过梦想之路的设计与讨论，让家长明白每个孩子的人生之路都是不同的，相信自己的孩子会有独一无二的人生；让孩子试着聆听父母的想法，感受父母的期待和担忧，能够与父母一起讨论、规划自己的未来。

活动对象

八年级学生及家长。

活动目标

目标	家长层面	学生层面
知识层面	了解到每个孩子都是不一样的，对未来的想法也是不一样的。	了解到每个人都是不一样的，每个人对未来的想法都是不同的。
能力层面	能够和孩子讨论梦想，协助孩子规划未来。	能够和父母讨论自己的梦想，规划自己的未来。
态度层面	相信孩子有规划未来的能力，尊重并接纳孩子的规划。	接纳父母对我们未来的担忧和关切。

活动时间

八年级第二学期。

活动准备

（1）座位安排：孩子和家长各3组，每组6—8人，孩子组和家长组一一对应。

（2）课前准备：每个家庭绘制1张亲子梦想图，左边是父母年轻时的梦想，右边是孩子未来的自画像，并签上自己的名字。教师汇集亲子梦想图后，用PPT制作成《我们的梦想》。

（3）视听媒体：歌曲《时光机》、《简单的礼物》(Simple Gift)、《青春修炼手册》。

（4）材料准备：每人1张A4纸，每组1只黑色水笔、1盒水彩笔、1张海报纸，每对亲子2张暖心卡。

活动过程

一、热身活动：神奇的时光机

（一）我们的梦想

教师呈现PPT《我们的梦想》，每张梦想图左边是父母年轻时的梦想，右边是孩子未来的自画像。（背景音乐：《时光机》）

当亲子梦想图呈现时，家长感到有些新奇，孩子则充满期待。父母年轻时的梦想大多是厨师、工人、医生、教师以及军人等，富有时代色彩。孩子的梦想更加丰富一些，有的是具体的职业，比如设计师、研究员、画家、作家、歌手、魔术师、教师等；有的展现的是一种状态，比如成功人士、互联网大师、环游世界、随遇而安等。

（二）分享感受

提问家长：看完孩子们的梦想图，你们有什么感受？

提问孩子：孩子们，看完父母的梦想图，你们有什么感受呢？

看完孩子们的梦想图，家长们感叹自己的孩子真的长大了，对未来有了很多自己的想法。一位爸爸说孩子未来想做设计师，那现在就可以朝着这个方面多多学习和努力。一位妈妈说环游世界这个梦想太大了，最好是有更多具体的设想。

孩子们看完家长的梦想图之后，也很有感触。一位女儿觉得爸爸妈妈年轻的时候，很有想法，但是在青春的道路上因为种种原因，留下遗憾，没有实现梦想，觉得自己要更加坚持。一位儿子觉得爸爸当时的梦想很伟大，军人是令人自豪的职业，但是自己更希望可以自由一些，做一个职业篮球运动员。孩子们觉得当下更应该坚持自己的梦想走下去。

过渡：不论是年轻时的爸爸妈妈们，还是现在的孩子们，对未来都有憧憬，都充满着想象。父辈们的梦想有些实现了，有些留下了遗憾，而孩子们的梦想还在路上。接下来，请爸爸妈妈们为孩子设计一条梦想之路，同时也请孩子们为自己设计一条梦想之路。

> **设计意图**：通过亲子梦想图的对比呈现和感受分享，让亲子双方了解彼此的梦想。让孩子看到家长年轻时也有对未来的美好憧憬，也让家长看到孩子对未来有了自己的想法，并且每个孩子对未来的设想都是不一样的。

二、话题聚焦：梦想之路

（一）条条大路通罗马

操作方式：请家长在提供的"梦想之路模板图"上为孩子设计一条梦想之路，请孩子在空白 A4 纸上描绘自己的梦想之路。通过绘画、文字或者两者结合的方式，在这条道路上标出每个阶段重要的人物、事件和阶段性的设想。（背景音乐：《简单的礼物》）

家长们拿到"梦想之路模板图"的时候，花了较长时间思考，

《规划，我有我的未来》素材

一度陷入沉思，小声讨论之后，开始设计。一位妈妈直接写下了每个阶段希望孩子考的学校；一位爸爸写下了每个学段希望孩子取得的名次；一位妈妈设想了孩子的学习状态和生活状态，在初中阶段要学好基础知识，多观察了解，在高中阶段要培养团队合作能力，在大学要学好专业知识。

孩子们拿到A4纸后，兴奋地开始描绘自己的梦想之路。他们的设计五花八门，有的从学习目标出发，有的从个人状态出发，有的从职业发展路径出发。一个女孩画了彩虹和成长曲线，写下了"成长之路痛并快乐着"；一个男孩画了一个螺旋阶梯，画上了自己和小伙伴；一个女孩画了几棵树，描绘了小树成长为大树的梦想图；还有一个女孩设想自己考上了重点高中，通过努力学习考上了北京的艺术学院，大学期间勤工俭学，音乐经验也更丰富了，未来的自己站上了不同的舞台。

（二）分享：每个人都有一双翅膀

操作方式：请家长组和孩子组先在组内进行分享，然后各小组派一个代表上台分享组内梦想之路的状态。

家长们交换梦想之路后，纷纷诉说自己设计的出发点，分享对孩子的希望和期待。孩子们在分享时开始有些羞涩，不想给同伴看，但是不一会儿就进入热烈讨论的状态。

讨论结束之后，家长组和孩子组开始进行全班的分享。一组家长说到他们发现彼此神奇的相似，大家不约而同地都将目光聚焦于"学习"，不管孩子目前的状态如何，都设计了较好的目标学校和相对较好的职业。另一组家长也有同样的感受，而且他们组制订的学习目标比较具体，还包括考试成绩的名次和学习的计划。除此之外，组内家长们还在设计道路时关注到了交友，希望从初中开始孩子们可以学习如何交朋友，到了大学之后再谈恋爱。通过分享，家长们感受到了大家对孩子的期待都比较高，都希望自己的孩子有好的未来。

听完家长组的分享，孩子们也有很多话想说。有个小组发现每个人对梦想的设计都不一样，并且大部分是跟将来的职业相联系的。比如组内有个男孩希望做职业篮球手，他从小学开始打篮球，目前已经是校篮球队队长，现在正往更加职业的方向努力。有个小组认为，每个梦想都珍贵而独特，要实现梦想，就要走好每一步，学习依旧是目前很重要的事，他们的目标是基于自己的学习成绩和对未来的设想来制订的。还有个小组希望未来的职业选择更多元化，比如志愿者、漫画师、服装设计师、歌手、作家等，他们认为每个职业都是平等的。

过渡：关于梦想之路，家长与家长、孩子与孩子之间都做了充分的讨论，爸爸妈妈们表达了对孩子强烈的期待，而孩子们也感受到了每个人的独特性。接下来，孩子们来看看爸爸妈妈为你们设计了怎么样的道路，爸爸妈妈也来看看孩子是如何规划自己的未来的。

> 设计意图：通过梦想之路的设计，帮助家长进一步澄清自己对孩子成长的期待和未来发展的设想，帮助孩子将梦想具体化、阶段化、现实化。同时，通过分享，让孩子感受到家长对自己未来的期待和关心，让家长看到每个孩子对未来的设想和规划是不一样的。

三、探讨分享：讨论梦想，聚焦不同

（一）交换梦想，讨论不同

操作方式：请孩子将自己的梦想之路与家长一一交换，然后家长组和孩子组进行组内讨论，"对方设计的梦想之路跟我们有什么不同，不同在哪里"。各小组分别讨论并做好记录，在海报的左边写下讨论的结果，并派代表进行分享。

家长们拿到自己孩子设计的道路时，不禁失笑，觉得孩子们天马行空，画得五彩缤纷。分享时有个家长代表说看到孩子们天真烂漫的设想，内心还是很开心的，只是在职业目标设定上觉得孩子们的想法有些不切实际，比如歌手、作家、志愿者等。他们觉得自己为孩子定的目标，比如医生、教师、公务员等，更加务实，更加符合社会需要。有个小组说他们一直忍不住拿自己的孩子与别人家比较，比学习目标、比考试名次、比未来职业，好像少了很多对孩子梦想的肯定。还有家长发现，孩子设计的与父母设计的道路太不一样了。家长们总是关注学习，梦想设计的前提也都是学习，而孩子们则更关注情感需要，比如与朋友相聚，追寻偶像，发展自己的兴趣爱好等，这些是家长们没有关注到的。他们觉得很有必要跟孩子多沟通交流，了解孩子的真实想法。

孩子们听完家长的分享之后，也急切地发出自己的声音。有小组代表说父母设计的道路好像都是一模一样的，而且都十分平坦，尤其是每个阶段都要考入好的学校，这不现实，自己很难认同，甚至现场提问父母"我们每个人的未来都要一样吗"。老师当场追问："为什么家长为孩子设计的道路都差不多呢？"家长们陷入沉思。孩子们当即表示希望父母多尊重自己的想法。有个小组组内讨论十分激烈，尤其是关于未来的职业。他们说父母期待他们将来都过上安稳的日子，所定的职业社会地位不错，应该生活状态是不错的。但大家更希望有丰富的职业体验，不以安稳来作为唯一的衡量指标，而是根据自己的兴趣和特长决定未来的规划，希望更自由一些。

经历一番激烈的分享，家长和孩子各自发声，试着从对方的角度看未来的规划。家长开始思考孩子的需求，体会到了沟通的重要性。孩子虽然感受到了家长的期待，却也在据理力争，阐述自己的想法。

（二）面对不同，探讨应对

操作方式：当家长和孩子对未来的规划有不同的设想或者选择时，我们可以怎么做？讨论结束后请各小组做好记录，在海报的右边写下小组讨论的结果，并派代表进行分享。

面对孩子们的追问和分享，家长们七嘴八舌地讨论起来。有的很快表明立场，有的说要多沟通，有的说不知道该如何是好。而孩子这方，就显得迅速很多，开始组内有序发表意见，做好记录。

家长组进行分享时，家长一组谈到每个家长都是望子成龙、望女成凤，但好像忽略了孩子是不一样的。家长对设计的道路也进行了反思，认为还是要尊重孩子的独特性，在这个基础上，再跟孩子讨论具体的做法，比如将来的大学、职业规划等，孩子毕竟还没有职业体验，希望可以多听听大人的想法。家长二组也很赞同要尊重孩子的看法，反思因为期待过高，设计时没有从孩子真正的需求出发。家长三组的爸爸妈妈表示，在规划未来的道路上，希望孩子可以多跟父母沟通真实想法，父母也会尽最大可能聆听和支持，但是当孩子发现做不到时，也希望及时调整方向，这样未来的路才能走得更好。

感受到了家长的态度转变后，孩子们在分享讨论时也平和了很多。一个女孩说："我们可以跟父母分享自己的真实想法，但前提是要尊重我们，尊重的含义不光是听取我们的想法，而是不管我们说什么，你们都可以没有偏见地跟我们讨论。"一个男孩说："有时候顶撞父母也是不得已，我们也希望能达到父母的期待，但是每个人可以做到的事情太不一样了。不管我们对未来做了怎么样的决定，都希望父母可以支持我们。当然，听了爸爸妈妈的想法，将来我们遇到问题时，会向你们寻求帮助，但希望最后的决定权仍然是我们自己的。"

过渡：通过刚刚亲子双方的碰撞，我们彼此看到了对方需要的和坚持的，也表示愿意一起努力。通过探讨分享，爸爸妈妈变得更加愿意倾听孩子的真实想法，孩子们也同样期待得到爸爸妈妈的信任和支持。接下来，就让我们把对彼此的期许写下来吧。

> 设计意图：通过继续梦想之路的讨论，帮助家长意识到孩子是未来人生道路的主人，与孩子一起讨论梦想、设计规划，协助他们做好未来的选择，是非常重要的。同时，也让孩子体会到与父母沟通自己的未来规划，会带来新的力量和收获。

四、成长路上，有你有我

座位调整：对应组家长、孩子位置调整，家长坐在孩子的身边。

（一）你的支持，我的期许

操作方式：孩子坐到自己父母的身边，亲子双方在暖心卡上写下对彼此的期许。孩子在卡片上写下"爸妈，在实现梦想的路上，我希望你给我的支持是……"，家长们在卡片上写下"孩子，在实现梦想的道路上，我希望……"。（背景音乐：《青春修炼手册》）

亲子双方坐到一起后，很自然地相互拥抱或者有亲昵的举动。孩子们在拿到卡片后，纷纷表示要家长写下对自己的希望，家长们更多是询问孩子"你想让我写什么"。一位妈妈写下"孩子，在你实现梦想的路上，我希望你更加自信、坚强，一步一个脚印朝着自己的目标去努力"。一位爸爸写下"孩子，在实现梦想的路上，我希望我们一起承担，一起奋斗，你的未来十分重要；我们一起努力，共同发展，你的快乐最有意义；我们用心坚持，勇攀高峰，你的才华一定可以被看到"。一位妈妈写下"孩子，在实现梦想的路上，我希望你认准目标，坚持自我，大胆向前，爸爸妈妈会在你身边护航"。

一位男生写下"爸妈，在实现梦想的路上，我希望你给我的支持是相信我，一定要相信我能够取得成功，而我也会认真学习，要知道，信念是一个人的动力"。一位女生写下"爸妈，在实现梦想的路上，我希望你给我的支持是尊重我的选择，让我有一个坚实的后盾"。一位男生写下"爸妈，在实现梦想的路上，我希望你给我的支持是在我困难时给我鼓励，在我误入迷途时，可以给我敲响警钟"。

家长们大多表达可以与孩子一起努力、一起奋斗，愿意支持孩子；而孩子们则更多表达希望父母可以一直支持自己、信任自己、尊重自己。

（二）分享感悟，携手同行

家庭分享暖心卡，亲子双方互赠卡片。

写完卡片，老师邀请了几组家庭分享写暖心卡的感受。分享的时候，有的亲子拥抱在一起，有的手拉手，有的互相念对方的期待，有的甚至说着说着就流下了感动的泪水。一组家庭分享了填写暖心卡的过程，爸爸说通过活动看到了女儿是多么希望自己可以信任她，觉得自己平常给女儿的支持还不够，以后还要多方面支持孩子；女儿也表示爸爸原来一直想要支持自己，但是可能很多时候面对矛盾很难做到，希望爸爸可以相信自己。另一组家庭分享时先互相拥抱，儿子先肯定了母亲对自己的爱，但是同时又表示自己已经长大了，不再是小时候那个坐旋转木马的小王子了，以后自己可以做得更好；妈妈回应可以给儿子更多的支持和鼓励，愿意陪伴孩子一路前行。

结语：孩子们，通过今天的分享和讨论，我们感受到了爸爸妈妈对我们未来的焦虑、期待和关心，他们很想给你们支持和力量。请多与他们对话和沟通，相信爸爸妈妈是你们成长路上最坚实的陪伴者。

爸爸妈妈，孩子们已经慢慢长大。每个孩子是不一样的，对未来都有自己的设想和规划。成长的路上，他们要学会寻找自己的方向，做出选择。请多和他们讨论梦想，协助而非替代孩子规划未来。要相信孩子有规划未来的能力，人生的彩图最终要他们自己去描绘。

> **设计意图：** 通过暖心卡环节对亲子双方期许的表达与分享，让父母懂得从孩子的需求出发给予支持和力量，对孩子的未来发展十分重要；同时，也让孩子感受到父母永远是成长路上坚实的后盾，正确表达自己的真实想法，会得到他们更多的理解和支持。

学会放手系列

学会放手
系列解读

尊重孩子,还要相信生命成长的力量,学会放手!学会放手,对很多父母而言,是很难的功课。因为,父母总有很多的担忧、不放心。但放手,不是一下甩手,而是基于孩子的能力,一步一步放手的过程。

学会放手系列四节课:小学低段,从穿衣比赛开始,允许孩子用自己的速度和方法完成自己能做的事;小学中段,聚焦爱的束缚——"唠叨",学习少指手画脚,多支持、鼓励,允许孩子做力所能及的事,也允许走弯路;小学高段,学习和孩子讨论规则,建立家庭空间界限,允许孩子有专属空间,尊重孩子的隐私;初中段,学习放手让孩子用自己的方式独立地处理人际关系,在他们有需要时,和他们讨论。

《让我自己来吧》:进入小学后,家长更多关注学习,而生活上"包办代替"较多,导致很多孩子自理能力较弱,影响了孩子的成长。如何帮助父母学习放手,鼓励并指导孩子做好力所能及的事?我们通过1分钟介绍家长的活动,为每个孩子提供展示自身能力的机会,让家长看到孩子很能干,为放手做铺垫;通过第一次穿衣比赛和小品表演再现生活,看到父母因为"担心孩子做不好"的包办行为,反而让孩子错过锻炼、发展的机会;通过2分钟赛前穿衣指导和第二次穿衣比赛,感悟到适当放手、协助指导,允许孩子以自己的速度与方式去完成力所能及的事,可以让孩子有更好的发展;最后,日日坚持卡的发放,则督促亲子一起努力,将放手落实到生活。

《唠叨,爱的束缚》:四年级,孩子有了一定的独立意识,希望自己的事情能自己做主。但父母的意识往往还停留于孩子小时候,因为不放心,总是有"千言万语"要跟孩子交代。对于父母的唠叨,孩子觉得很烦,也就很难感受到唠叨背后的爱。如何帮助父母学会用支持、鼓励来代替唠叨?我们通过视频《唠叨就是紧箍咒》中啰唆的唐僧形象的呈现和感受分享,了解到唠叨会给我们带来很不舒服的感觉;通过"我说话你听见没"的生活情景再现和"唠叨与爱"的原因探讨,明白父母的唠叨是源于不放心,但孩子正在长大,唠叨可能会变成爱的束缚;通过亲子双方"希望对方怎么做"的表达和"我们可以怎做"的回应，父母学习多支持、鼓励，少指手画脚并允许孩子走弯路，孩子学习做好自己的事让父母放心来减少父母的唠叨；最后，讨论"父母经常唠叨我的事"，帮助亲子双方回归家庭生活，一对一基于实际情况，探讨一起改变的行动。

《我的专属空间》：六年级，随着自我意识和性意识的觉醒，孩子有了隐私的概念，开始探寻自己的专属空间，与父母保持一定的界限。这些变化让家长们一时很难适应，担心与孩子越来越远。因家长的过多干涉，亲子矛盾和冲突开始频发。如何帮助亲子建立家庭空间界限？我们通过绘本片段"不要随意打扫我的房间"和生活中类似事件的分享，了解到孩子正在长大，独立意识增强，希望有不被打扰的专属空间；通过小组讨论换位思考和续读绘本片段"我的宝贝"，父母学习尊重孩子的隐私，理解专属空间对于成长的意义，孩子接纳父母因担忧而对专属空间的过于关注；通过各自表达诉求后亲子共绘"专属空间"，父母明白适度赋权可以帮助孩子更好地承担责任，孩子明白管理好自己可以赢得更多的权限；最后，通过"家庭约定"的交接和绘本片段"妈妈我爱你"的分享，强化赋权过程，感受并相信成长的力量！

《请给我自由空间》：八年级，孩子的成人感进一步增强，希望能独立处理自己的人际关系。而父母因为担忧，往往会高度关注孩子的人际交往并加以干涉，引起孩子的极大反感。如何帮助父母学习协助而非干涉孩子人际关系的处理？我们通过《青春相册》呈现小时候和现在陪在身边的人的变化，让家长意识到孩子已经长大，同伴有了更重要的影响力；通过电视剧《小别离》的视频片段聚焦交往引发的亲子冲突，让家长了解到进入青春期，遇到各种交往问题是很正常的，让孩子自己处理对成长具有重要意义；通过亲子双方"希望对方怎么做"的诉求表达和"我们能够做什么"的回应，让家长学习相信孩子并放手让孩子用自己的方式处理人际关系，在他们需要时给予协助；最后，亲子一起绘制家庭"手约书"，回归现实生活商定具体规则，以契约的方式共创自由成长空间。

尊重，是信任孩子，让他做力所能及的事情，让他承担应该承担的责任。父母需要放权给孩子！在成长的过程中，会碰到各种各样的问题，但孩子恰恰是在解决问题的过程中成长的。"我们有自己的见解和思维。我们正在学着挣脱你们的怀抱，自己起步，自己走路。我们心目中的你们，是在我们摔跤时，能拉我们一把，而不是责骂，也不是把我们抱回怀里。"这是来自孩子的心声。学会放手系列四节课，帮助父母学会放手，陪伴成长而不是替代成长！

小学低段 让我自己来吧　　设计者：江　萍
　　　　　　　　　　　　　　指导者：郎　萍　何咏梅

学情分析

　　课前小调查显示：87%的家长最看重的是孩子的学习成绩，生活上很少让孩子动手。超过80%的家长以"怕浪费时间"或"怕孩子累着"为由，为孩子包办内务。正是由于绝大多数家长的无微不至，孩子"衣来伸手，饭来张口"的现象严重。83%的孩子从不做家务，甚至连起床穿衣都要家长帮忙，生活自理能力较差。但是，许多在大人眼里看似简单的事，对于孩子来说却是重要的成长经历，家长替代他们完成的同时，也让孩子失去了通过这些实践来成长的机会。从表面上看是为孩子好，实际上"过度呵护"已经成为孩子成长路上的绊脚石。

　　本课重在转变家长的观念，让他们明白放手让孩子做力所能及的事情，就是给孩子成长的机会。让家长能够鼓励并指导孩子做力所能及的事，并允许孩子以自己的速度与方法去完成。同时，使孩子树立自己的事情自己做的意识，体会到自己动手后的成就感。家长和孩子一起努力，从生活自理开始，逐步提升孩子独立生活的能力。

活动对象

　　二年级学生及家长。

活动目标

目标	家长层面	学生层面
知识层面	了解孩子做好自己的事情是成长过程中必须经历的，家长包办代替会阻碍孩子的成长。	了解自己的事情要自己做才能真正长大。
能力层面	能够鼓励孩子自己的事情自己做，逐步培养孩子的自理能力。	能够做好自己力所能及的事情。
态度层面	相信孩子的能力，允许孩子以自己的速度与方法完成力所能及的事。	积极主动地去做好自己的事情。

> 活动时间

二年级第二学期。

> 活动准备

（1）座位安排：全班共6组，每组3—4个家庭，围绕表演区三面环绕就座。学生在前，单双号间隔，桌子摆中间，家长对应在后。

（2）视听媒体：纯音乐《雪之梦》(*Snow Dreams*)，小视频《开学第一天》。

（3）小品排练：小品《生活中的我们》。

（4）材料准备：每组1张A3纸、1支记号笔、1个台签，每个学生1张日日坚持卡。

（5）衣着准备：学生穿上带拉链的校服，系上红领巾。单号学生每人1根黄丝带，双号学生每人1根绿丝带。

> 活动过程

一、破冰之旅：我们很能干

（一）暖身活动：我为大家介绍您

操作方式：邻近的单双号学生互相介绍到场家长，时间1分钟，内容可以是家长的工作、爱好等。先请系黄丝带的学生介绍，系绿丝带的学生听。1分钟后，双方互换。

大部分孩子比较大方，介绍得头头是道。但是有些孩子比较胆小，只是简单地从年龄、工作上介绍。绝大多数家长微笑着听完孩子们的介绍，但也有几位家长比较着急。有一位妈妈对孩子说："还可以介绍妈妈的工作，喜欢的事情，还有很多可以说的啊！"

（二）分享感受

提问家长：通过刚才的介绍活动，大家有什么感受要分享吗？

家长们纷纷表示，孩子们慢慢长大了，越来越能干了。一位爸爸说，孩子的口头表达能力有了很大的提升；一位妈妈说，虽然在刚才的介绍活动中，忍不住责备了儿子，希望他说得更多一些，但是与以前相比，孩子已经有了很大的进步。

过渡：爸爸妈妈，孩子长大了，越来越能干了。孩子的表达能力有了很大的进步。那么，孩子的动手能力呢？让我们看一看，孩子们的小手灵巧吗？接下来，我们要进行一场穿衣比赛。

> 设计意图：暖身活动"我为大家介绍您"，给孩子提供展示能力的机会，同时，消除家长之间的陌生感；通过感受分享，让家长感悟到孩子在成长，孩子们的能力已经有了很大的提升，为放手做铺垫。

二、对镜正身：生活中的我们

（一）呈现问题：第一次穿衣比赛

操作方式：教师讲解比赛规则。要求孩子在90秒内先将自己的红领巾解下、外衣脱下；再将外衣穿好，系上红领巾。家长在旁观看，不能协助。

提问孩子：比赛结束了，你有什么感受？

提问家长：看了孩子的比赛，你有什么感受要分享吗？

听到比赛开始的指令，孩子们急急忙忙地行动起来。但是只有少数几个孩子能手脚麻利地穿戴，大多数孩子显得力不从心，手忙脚乱，有的拉链插口对不上，有的红领巾系不好。看到自己的孩子速度慢了，有几位妈妈催促起来。听到妈妈的催促，有一个男孩脸涨得通红，可是拉链怎么也拉不上；有一个小姑娘的红领巾总也系不好，眉头皱得紧紧的，眼睛红红的。最后，只有5个孩子顺利完成了穿戴任务。看到孩子们的表现，家长们的表情有点严肃。

完成任务的孩子脸上带着笑意，说自己很开心。没有完成任务的孩子纷纷表示很难过，很不开心。

看了孩子的比赛，家长们情绪有点激动。一位爸爸说，孩子们的差距有点大；一位妈妈说，女儿的动手能力有点弱，作为妈妈，她需要反思一下。教师追问："为什么在比赛时，会遇到那么多困难？"家长们陷入沉思。

（二）探究原因：为什么穿衣会遇到困难

1. 小品表演，再现生活

小品内容：妈妈正在打扫卫生，乐乐放学回来了。乐乐喊："妈妈我渴了。"妈妈端过一杯水，说："好好好，来喝点水吧。"喝完水，妈妈对乐乐说："乐乐，看你身上都是汗，妈妈给你洗澡吧。"乐乐说："好的。"洗完澡，妈妈又对乐乐说："乐乐，头发没有干，对身体不好，先来吹头发吧。"乐乐说："哦。"吹完头发，妈妈对乐乐说："乐乐，要做作业了哦！快点。"乐乐做作业的时候，妈妈在边上为她扇扇子。

提问孩子：如果你是乐乐，喜欢妈妈这样做吗？为什么？

提问家长：你觉得妈妈为什么要这样做？

看着小品中的妈妈对女儿无微不至的照顾，看着女儿渐渐嘟起的嘴。很多孩子捂起嘴，偷偷地笑；家长们则神情严肃。

有两个孩子说喜欢妈妈这样做，被照顾得这么周到，很舒服。而绝大多数孩子都说不太喜欢。一个小男孩说妈妈好啰唆，另一个小男孩说妈妈管得太多了，还有一个小女孩说没有办法安排自己的时间，所以不开心。

对于妈妈无微不至照顾的原因，家长们说出了自己的想法。一位爸爸说，作为家长，可能平时更关注孩子的学业，而生活中的小事，并没有意识到它们的重要性。一位妈妈说，孩子本身已经很辛苦了，所以小品中的妈妈这样做，可能是想为孩子分担掉一些事情。还有一位爸爸说，可能妈妈觉得如果让孩子独立做这些事，用的时间反而更多。

2. 小组讨论，探究原因

操作方式：小组讨论，话题是"结合小品，回顾穿衣比赛，讨论为什么穿衣会遇到困难，在平时生活中怎么做更好"。讨论时让孩子先说，家长后说。由组长负责记录在A3纸上，讨论时间为2—3分钟。结束后，小组派代表汇报，全班分享。（背景音乐：《雪之梦》）

在明快的音乐中，孩子和家长展开了热烈的讨论。有一组直到音乐结束，记录者还在不停地记录。

对于"为什么穿衣会遇到困难"这个问题，几个小组一致认为不重视动手能力的培养、在家练习太少是主要原因。

对于"在平时生活中怎么做更好"这个问题，各个小组也分享了自己的想法。孩子们的想法很一致，认为以后自己的事情要尽量自己做。家长们则认为不能再大包大揽，在一些小事上，要学会放手。一位妈妈说，要鼓励孩子自己做一些力所能及的家务；一位爸爸说，以后会鼓励孩子自己的事情自己做，有难度的，家长在边上指导、协助，直到孩子会做为止。家长们感悟到，让孩子做一些力所能及的小事，可以锻炼孩子的动手能力、自理能力，有助于孩子更好地成长。

过渡：爸爸妈妈，因为担心孩子做得慢、做不好，所以很多时候，就像小品中的妈妈一样，我们承包了很多原本应该是孩子自己完成的事，让孩子错过了很多锻炼、发展的机会。其实，在生活中，适当放手，有针对性地帮助、指导，可以让孩子有更好的发展，孩子也会做得更好。让我们再次回到穿衣比赛！

> **设计意图：**第一次穿衣比赛，让亲子了解到孩子动手能力的不足。小品表演及小组讨论，让家长感悟到孩子做好自己的事情，是成长过程中必须经历的，家长包办代替会阻碍孩子的成长，要适当放手，允许孩子去尝试；让孩子们感悟到自己的事情自己做，才能长大。

三、有你助力：我能做得更好

（一）体验成功：第二次穿衣比赛

操作方式：教师讲解比赛规则。比赛前，家长先对孩子进行2分钟的穿衣指导。比赛时，要求学生在1分半钟内先将红领巾解下、外衣脱下；再将外衣穿好，系上红领巾。比赛时，家长在旁观看，不能协助。

2分钟的穿衣指导，家长们抓紧每1秒帮孩子练习。对不会拉拉链、系红领巾的孩子，家长手把手指导。有两位爸爸还向旁边的妈妈讨教红领巾的系法，非常认真。第二次比赛，有23个孩子顺利完成任务，孩子们露出了大大的笑脸，有一个孩子还开心地用手比"V"。只有一个孩子最后没有系好红领巾，嘴巴抿得紧紧的，快要哭出来了。

（二）分享感受

提问孩子：第二次穿衣比赛结束了，现在你的心情怎么样？

提问家长：孩子在第二次比赛中的表现如何？你有什么感悟？

孩子们说很开心、很激动。有一个小男孩站起来说，以前自己不会系红领巾，每次系红领巾都要找妈妈，今天自己会系了，感觉很有成就感。而没有系好红领巾的小男孩，低下了头，轻轻地说"很难过"。教师追问孩子的妈妈："妈妈有什么话想说吗？"妈妈摸着孩子的头说："没事，宝贝，再多练一练就会好的。"小男孩郑重地点了点头。

经历了第二次穿衣比赛，家长们也有很多感悟。一位妈妈说，孩子比上一次进步了很多；一位妈妈说，要做好生活中的小事，也需要多多练习；一位爸爸说，经过家长的指导，孩子的进步很大很快；还有一位爸爸说，有时候，我们要相信孩子，其实他们自己是可以做好的。这时，教师追问："放手后，如果孩子做得仍不理想，怎么办？"家长们陷入沉思。这时，有一位妈妈站起来说："可能很多时候，我们会忍不住批评孩子，然后帮他完成。就像学习用品，我常常责备女儿丢三落四，可是说完后，每天整理书包的还是我。但是，今天那位妈妈（没有系好红领巾的孩子的妈妈）做了很好的示范。以后，我也会让宝贝多练一练，哪怕失败了，我也会对她说，没事，宝贝，再多练一练就会好的！"这位妈妈的话，赢得了全场的掌声，家长们感悟到：用鼓励和指导代替包办，可以让孩子有更好的发展。

过渡：其实，我们的孩子都很能干。爸爸妈妈一定要记住，要协助、指导孩子，而不是替代他。哪怕有时候孩子做得仍不理想，我们依然要学会放手，让他自己去面对，就像开学第一天那样。让我们一起回到开学第一天。

> 设计意图：第二次穿衣比赛，让家长们尝试鼓励孩子自己能做的事情自己做；让孩子们通过练习，完成比赛任务，感受自己动手带来的成功的喜悦。通过感受分享，让家长们进一步感悟到适当放手、协助指导，允许孩子以自己的速度与方式去完成力所能及的事，可以让孩子有更好的发展。

四、日日坚持：相信我，我能自己来

（一）视频分享《开学第一天》

视频内容介绍：一年级开学第一天，小女孩哭着不敢自己上学。妈妈虽然很舍不得但是仍然鼓励孩子自己去学校。看着小女孩前进的背影，想到孩子成长的点滴，妈妈热泪盈眶。

提问家长：看了这个视频，有什么感受？

教室里非常安静，孩子和家长很认真地观看视频。看到视频中的妈妈站在孩子背后，不敢让孩子听到、看到，捂着嘴巴流泪的画面时，好几位妈妈的眼眶都红了。一位妈妈分享了自己的感受："很多时候，我们不舍得。可是，我们不能陪孩子一辈子，终有一天，孩子需要自己去面对。要相信孩子，他能行！"

（二）亲子约定：日日坚持

操作方式：教师在说结语的同时，发放日日坚持卡，并请家长为孩子解开手腕上的丝带，对孩子说："宝贝，去试试吧，相信你一定行！我支持你！"孩子把解下的丝带系在家长的手腕上，并对家长说："爸爸妈妈，让我自己来吧！"

《让我自己来吧》素材

结语：孩子们，自己能做的事情要自己做，不是想做的时候做，不想做的时候就不做了，要持之以恒，日日坚持。这张日日坚持卡，就是我们的朋友，可以帮助我们养成好习惯。请带回家，让它每天提醒你。

爸爸妈妈，请解开孩子手腕上的丝带，当孩子觉得可以自己来的时候，请对孩子说:"宝贝,去试试吧,相信你一定行!我支持你!"相信有爸爸妈妈的协助、指导,孩子会发展得更好!孩子们,请把丝带系在爸爸妈妈手腕上,让我们发出响亮的声音:"让我自己来吧!"

家长们很郑重地把孩子手上的丝带解下。解下丝带象征放开束缚,学习放手。对孩子说的话,也是一种承诺。孩子们给家长系上丝带,并发出了自己响亮的声音:"让我自己来吧!"

课后,有几位家长反映,说孩子主动整理书包了,要一人睡小房间了……。一周后,日日坚持卡反馈的信息令人惊喜。学会放手要落实到生活中,仍需要时间。但可以看到,成长的种子,已经在孩子和家长心里萌芽了。

> **设计意图**:视频的分享,让家长进一步感悟到鼓励孩子自己的事情自己做,培养孩子自理能力的重要性。日日坚持卡的发放,督促亲子一起努力,将放手落实到生活中。

小学中段 唠叨，爱的束缚

设计者：董丽华　冯　丹
指导者：蔡迎春

学情分析

小学中段开始，孩子要求独立和摆脱成人控制的欲望变强，希望自己的事情能自己做主，而许多家长的习惯还停留在孩子的幼儿时期，习惯性地手把手"扶着孩子走"，特别是在教育孩子时总是有千言万语要跟孩子交代。在孩子看来，父母的这些唠叨正如唐僧给孙悟空念的紧箍咒，让他们觉得很烦，也就很难感受到唠叨背后的爱。

本课聚焦父母的唠叨，探讨唠叨与爱，帮助父母体会孩子被唠叨的感受，了解唠叨对孩子可能是一种能力发展的束缚，孩子更愿意父母用支持、鼓励代替唠叨。同时帮助孩子感受唠叨背后父母的爱，明白可以通过自己的努力减少父母的唠叨，从而使亲子间的关系更加和谐。

活动对象

四年级学生及家长。

活动目标

目标	家长层面	学生层面
知识层面	了解到孩子正在长大，有了一定的独立意识，希望自己的事情能自己做主。	了解到父母的唠叨是源于对我们的不放心。
能力层面	能够少指手画脚，多支持、鼓励。	能够理解父母的唠叨，主动做好自己的事让父母放心。
态度层面	相信孩子，允许他们做力所能及的事，也允许他们走弯路。	感受到父母唠叨背后的爱。

活动时间

四年级第二学期。

活动准备

(1) 座位安排：孩子和家长各 3 组，每组 6—8 人，孩子组与家长组一一对应。

(2) 视听媒体：剪辑电影《大话西游 2》制作成视频片段《唠叨就是紧箍咒》。

(3) 情景表演：请三个孩子，一个扮演家长，一个扮演孩子，一个念旁白，再现日常生活中孩子与父母的对话场景，名为《我说话你听见没》。

(4) 材料准备：1 块移动黑板，每小组 1 支黑色记号笔、1 张海报纸，每个孩子 1 张小卡片、1 支笔。

活动过程

一、感受唠叨

(一) 呈现视频《唠叨就是紧箍咒》

视频简介：从电影《大话西游 2》中截取了唐僧对孙悟空不停唠叨，让孙悟空很痛苦的片段。

视频中，唐僧对孙悟空的唠叨让孙悟空捂着耳朵，表现出非常痛苦的神情。孩子边看边哈哈大笑，有的也捂着耳朵说真烦人，有的则学着唐僧唠叨的样子。家长们看着视频也觉得挺好玩的，有的小声交流，有的则很害羞地笑着。家长们仿佛从中看到了自己的影子。

(二) 全班探讨：唠叨让我们不舒服

提问孩子：看完这段视频，你有什么感受？
提问家长：假如唐僧出现在我们家里，你有什么感受？

看完视频后，孩子们觉得唐僧唠叨、烦、事儿多、啰唆，特别是啰唆被孩子们多次提及。家长们的感受也并不好，提及最多的也是烦，感觉的确是挺啰唆的。可见，唠叨给孩子和家长带来的感觉都不怎么好。

过渡：刚才视频中唐僧说的话，孩子们觉得烦，爸爸妈妈也觉得烦，大家有没有发现，原来唠叨这件事，对孩子和父母来说，都会觉得不舒服。那么，这样的唐僧，在我们的现实生活中有没有呢？

设计意图：通过视频《唠叨就是紧箍咒》中啰唆的唐僧形象的呈现，帮助亲子双方特别是家长感受到，唠叨会给我们带来很不舒服的感觉，同时，为下一环节回归生活中的唠叨做铺垫。

二、说说唠叨

（一）情景表演：《我说话你听见没》

内容简介：三个孩子，一个扮演家长，一个扮演孩子，一个念旁白，再现早上起床洗漱、上学途中、放学途中等生活场景中孩子与父母的对话。家长会问孩子："作业带齐了吗？今天测验了吗？作业都做完了吗？上课回答问题了没有啊？老师表扬你了吗？批评你了吗？"家长还会交代各种事情：路上多想想今天学习的内容；上课要回答问题，不要做小动作，不要走神，要听老师的话，不要和同学闹矛盾；下课多预习预习，要不就复习复习，可别到处乱跑；不会的问题多问问老师和同学。最后还不忘加一句："我说话你听见了没有啊？"孩子们通常的回答是"嗯""知道了"。

提问孩子：看完情景剧，你有什么想说的吗？

提问家长：看完情景剧，听了孩子们的分享，你有什么感受吗？

熟悉的口吻、恰到好处的眼神、烦躁的心情，孩子们精湛的表演引起同学和家长的掌声与笑声。在热烈的气氛中，那些日常生活中的场景似乎也浮现于眼前。好像"知道了"这个词跟我们孩子特别有缘似的，而且每天都会有这样差不多的对话。

看完情景剧,孩子们纷纷举手表达。有几个孩子说自己的妈妈就是这样,每天催着写作业;有个孩子说爸爸妈妈经常一路上一直不停地说,同时还模仿家长的样子;有一个孩子说,其实她每天一回家就写作业,而且会把书包整理好,但爸爸妈妈几乎每天回到家第一句话就问作业写没写好,让孩子觉得他们就在乎作业。家长们听了孩子的分享,不好意思地笑了,提到自己的确有像孩子说的那样。但也有家长表示自己不得不那么做,孩子还是需要监督和催促的。

(二)全班探讨:唠叨与爱

1. 分享生活中的唠叨

操作方式:请孩子组在小卡片上写一写父母经常因为什么事情唠叨,并在组内分享;请家长组在组内分享经常因为什么事情唠叨孩子。小组分享完成后每组派代表进行全班分享。

2. 探讨唠叨的原因

提问孩子:你觉得爸爸妈妈为什么会唠叨?

提问家长:你认为自己为什么会唠叨?

孩子们认真地回忆并写下那些父母唠叨自己的事或场景。分享时,有一个孩子说妈妈经常因为学习、写作业、背课文、考试唠叨自己,妈妈唠叨的时候自己很想反抗;有的孩子说父母因为考试考得不好会唠叨自己,自己也想反抗但并没有行动,因为那样父母会更唠叨;有的孩子表示什么时候妈妈都会唠叨自己;有的孩子说妈妈经常说的一句话就是"你只要把作业写好就行",听着很烦。在孩子写的过程中,家长们也交流自己唠叨比较多的内容包括作业完成以及作业质量,学习习惯比如整理书包,生活习惯比如个人卫生等。孩子们认为家长在学习特别是作业问题上唠叨较多,而家长则认为孩子的方方面面都需要自己操心,需要多说几句。

在探讨父母唠叨的原因时,孩子们沉默片刻。过了一会儿,有一个孩子非常勇敢地承认父母唠叨是因为自己的作业没有做完。之后,陆续有孩子说自己确实有一些地方做得不对或不好。当教师追问"爸爸妈妈唠叨其他人吗?""为什么爸爸妈妈只唠叨你?"时,很多孩子都说是出于担心和爱。

谈及自己为什么会唠叨时，家长的回应很迅速。有位妈妈提到孩子说在学校已经完成了蛙跳练习，不知道是真的还是假的，对孩子还是不放心；有位家长提到孩子做作业实在太慢了，家长心里很着急；有位家长特别提到孩子的行为习惯真的很让人担心，现在不养成好习惯，怕将来孩子吃亏，都是为了孩子好。当教师追问"唠叨的效果如何"时，家长们也表现出了无奈。有位家长认为效果还是有一些的，但是作用不大。有位家长说持续时间不长，也感觉到了孩子的不耐烦。有位家长沉思了好一会儿，站起来说："的确，我们的唠叨是出于爱，但随着孩子慢慢长大，可能会越来越讨厌被唠叨，有一天，唠叨可能反而会束缚孩子的发展。"

过渡：孩子们，爸爸妈妈经常会因为学习、作业唠叨我们，让我们觉得很不舒服，但原来他们并不喜欢唠叨，他们的唠叨是对我们的担心，唠叨背后是对我们浓浓的、满满的爱。爸爸妈妈，我们为孩子学习和生活的方方面面操心，但这不仅让孩子很有情绪，而且效果也似乎并没那么好，那么，该怎么办呢？接下来，让我们一起，改变唠叨！

设计意图：通过《我说话你听见没》的情景表演，把亲子双方带回生活中熟悉的场景，再次感受唠叨带给我们的不舒服；通过"唠叨与爱"的原因探讨，帮助孩子感受唠叨背后父母的爱，明白父母的唠叨是源于不放心，同时帮助家长明白孩子正在长大，唠叨可能会变成爱的束缚。

三、改变唠叨

（一）表达心声：希望对方怎么做

操作方式：采用小组讨论的方式进行。孩子组的话题是"我们不喜欢唠叨，希望父母怎么做"；家长组的话题是"我们不想唠叨，希望孩子怎么做"。讨论结果记录在海报纸的左侧。讨论完成后，派代表进行全班分享。

《唠叨，爱的束缚》素材

讨论部分，家长和孩子互相提希望。孩子们在组内非常积极地发言并记录自己的想法，而家长们也逐渐进入状态，在对孩子的学习期待方面达成了很多共识。

孩子分享环节，孩子们说："我们不喜欢唠叨，希望父母能少唠叨我们，多陪陪我们，包括多陪我们玩，陪我们做一些我们想做的事情；能多陪陪我们写作业，特别是在没有写完作业时，不要像蚊子一样在耳边唠叨；不要催我们跳绳；不要打断我们看书；考试考差了，不要骂我们，有话好好说，我们争取下次努力；我们做错事时，多鼓励我们；希望父母少看手机，多一点时间陪我们，不要在我们叫您时，不理我们；不要回到家就开始唠叨；妈妈在跟我们说话时温柔可亲点"。也有孩子提到"我要养成好习惯，父母就不会唠叨了"。当然，也有一些希望是家长认为不合理的，比如"听我们的指令""零花钱给三倍"等。对此，教师先不评判而是让孩子先发声。

家长分享环节，有家长说："我们不想唠叨，希望孩子按时、自觉、认真完成作业；写作业太慢，不认真，不自觉，希望专心一点；字迹工整，错别字少一点；上课专心听讲，认真一点；多看课外书，少看电视，少玩游戏，特别是比较暴力的游戏；考试的时候仔细一点；希望孩子吃饭快一点，字写好一点；个人卫生要注意，多锻炼身体；上下学注意安全；四年级了，希望孩子多做一点力所能及的事。"

（二）海报回应：我们可以怎么做

操作方式：对应的家长组和孩子组相互交换海报，根据对方提出的希望，继续进行小组讨论，话题是"我们可以怎么做"。讨论结果记录在海报纸的右侧。讨论完成后，派代表进行全班分享。

讨论部分，孩子组和家长组基本上能基于对方提出的希望来做回应，特别是孩子组，马上进入到"我们可以怎么做"的讨论中。

家长分享环节，基于孩子提出的希望，家长认为可以做到：尽量多陪陪孩子；多鼓励；尽量不玩手机；叫自己时会答应；合理的要求可以满足；孩子看书时不打断他；以后和孩子多交流，少发脾气；尽量少唠叨。在分享时，家长也指出有一些孩子的不合理期待没法满足。其中，有一组家长提到孩子完成作业就不会唠叨和养成好习惯就不再唠叨。对此，教师再次强调，希望在这个环节，回归自身，重在思考我们可以做什么。

孩子分享环节，基于家长提出的希望，孩子认为可以做到：每天回家就专心写作业；字迹工整；考试时会仔细一点；写完作业之后合理安排时间；多看课外书，少看电视，少玩游戏，不会在家长不让玩时玩游戏；管理好自己的卫生情况；尽量让家长省心；吃饭快一点，字写好一点；做力所能及的事。孩子组表示，对家长组提出的大部分希望都会努力做到。

在孩子分享结束后，有位家长提出："孩子们刚刚说的能做到吗？"大部分家长们表示相当不确定，甚至觉得肯定做不到。当家长表现出对孩子的信心不足时，教师追问孩子，是否相信家长能做到所承诺的事时，孩子也高呼不一定。这时，教师追问家长："你们觉得什么时候，孩子才能做到他们所说的那些事？"思考了一小会儿后，有家长说再长大一点吧。教师再次追问："在等待孩子长大，能够说到做到的过程中，父母能做些什么呢？唠叨，到底是促进还是束缚？"家长们沉默了一会儿，随后有一位家长表示应该给予孩子更多的支持与鼓励。有家长说的确需要给孩子多一点信任，孩子总要磕磕碰碰才能长大。也有家长提到，孩子写作业时，自己看书，做个好榜样。家长真诚的分享换来了孩子的信任，一个男孩站起来大声说："我相信，爸爸能做到刚刚承诺的事情。"很多孩子也纷纷点头，并用掌声表达了对家长的信任与期待。

过渡：孩子们不喜欢唠叨，爸爸妈妈也不想唠叨。今天，我们向对方提出了希望，也回归自身，思考自己接下来的行动。爸爸妈妈，请学会放手，给予孩子尝试的空间和更多的鼓励、支持，才能让孩子们慢慢学会做好自己力所能及的事。孩子们，也要努力主动做好自己的事情，让父母放心，愿意放手！

接下来，让我们回到自己的小家庭，看看孩子们写的小卡片上那些唠叨的事儿，来一次亲子间的心灵对话。

> 设计意图：通过"希望对方怎么做"的心声表达，帮助家长明白孩子需要多支持、鼓励，少指手画脚，帮助孩子懂得主动做好自己的事能让父母更放心；通过"我们可以怎么做"的回应，帮助亲子双方回归自身，基于对方的期待，思考和跟进自己的行为，家长学习放手，孩子学习承担起自己的责任。

四、解开束缚

座位调整：对应组家长、孩子位置调整，家长坐在孩子的身边。

（一）回归自身：我们一起改变

操作方式：针对孩子在小卡片上写的"父母经常唠叨我的事"，孩子和家长分别说说自己可以做哪些改变。

当孩子坐在自己父母身边时，父母抱一抱、搂一搂孩子或者摸摸孩子的头，彼此交流着孩子写的那些父母唠叨的事。很多家庭快速地进行讨论，特别是孩子，显得特别主动。也有的家庭一开始有些沉默，有一位爸爸主动跟儿子提出谈谈孩子小卡片上写的唠叨，孩子耐心地听着，有时候停一停像是在思考，有时候点点头表示同意。

（二）全班分享：感受爱的温暖

操作方式：针对小卡片上的唠叨，请2—3个家庭分享"我可以做哪些改变"。

有一位家长说，自己平时的确忙，也没有考虑过孩子会有这么多想法，每次看到他作业还没完成时，都忍不住絮絮叨叨，从没心平气和地问问孩子，听听他的想法，以后一定多陪孩子，多和他谈谈心，让孩子知道，在妈妈心里他一直都挺棒的。这段话感染了现场很多父母，也感动着孩子。父母可能很久都没这么拉着手跟孩子好好说话了。孩子感受到来自父母话语中的温暖，也表示能理解父母的唠叨是源于对自己的爱。

结语：孩子们，今天爸爸妈妈来参加亲子沟通班会课，用实际行动表达着对我们的爱，少了唠叨，多了理解和倾听，同样也希望，我们能做好力所能及的事情让他们放心。爸爸妈妈，我们很爱孩子，我们能帮孩子做很多事情，但是，孩子各种能力的发展，也需要我们给予更多的空间，给孩子们机会去尝试！唠叨是爱，在短时间内可能有效果，但多了，就变成了爱的束缚。学着退一步，要相信随着孩子慢慢长大，他们的力量一定越来越强！

> **设计意图：**通过小卡片"父母经常唠叨我的事"的讨论，帮助亲子双方回归家庭生活，一对一基于实际情况，探讨一起改变的行动；通过"改变"的分享，帮助孩子再次感受父母的爱，帮助家长进一步感悟，并学习放手。

小学高段 我的专属空间

设计者：周　昀
指导者：蔡迎春

学情分析

　　进入小学高段以后，伴随着自我意识和性意识的觉醒，孩子慢慢有了隐私的概念，越来越渴望独立。孩子们开始探寻自己在家庭中的专属空间，想要与家长保持一定的距离。有些孩子很难向家长表达对自己专属空间的需求，有些孩子能够表达，但采用的方式比较激烈。这些变化让家长很难适应，他们担心与孩子的心理距离越来越远。因家长的过多干涉，亲子间的矛盾和冲突频发。

　　本课聚焦亲子的专属空间，邀请亲子双方共同探讨家庭生活中的界限，让家长了解孩子对于专属空间的需求，明白专属空间对于孩子成长的重要意义；让孩子学习向家长表达自己的想法，接纳家长因为担忧而对自己专属空间的关注，尝试和家长一起制订家庭生活中有关界限的规则。

活动对象

　　六年级学生及家长。

活动目标

目标	家长层面	学生层面
知识层面	了解到孩子正在长大，独立意识增强，开始希望有自己的专属空间。	了解到自己对专属空间产生需求的合理性，以及父母对此持有的担忧。
能力层面	能够和孩子讨论规则，明确家庭空间界限。	能够表达自己对于专属空间的需求，与父母协商，明确家庭空间界限。
态度层面	允许孩子有自己的专属空间，尊重孩子的隐私。	接纳父母因担忧而对自己专属空间的关注。

活动时间

六年级第二学期。

活动准备

（1）座位安排：孩子和家长各 3 组，每组 6—8 人，孩子组与家长组一一对应。

（2）视听媒体：纯音乐《蒲公英的约定》钢琴版。

（3）材料准备：每组 1 张海报纸、1 张 A3 纸、1 盒水彩笔，每对亲子 1 份《家庭约定》。

（4）绘本处理：将绘本《妈妈你好吗？》[1]截成四个片段，分别为"明白了没有""不要随意打扫我的房间""我的宝贝""妈妈我爱你"，本课中使用后三个片段。

活动过程

一、绘本导入：谁打扰了我的空间

（一）阅读绘本片段"不要随意打扫我的房间"

来自绘本《妈妈你好吗？》的第二个片段，分享了绘本中的小男孩在母亲节前给妈妈写的信中的第二个想法。

绘本内容：第二个想说的：不要整天说我的房间"像猪圈"，不经我的同意请别打扫我的房间！我不是猪，是人！你喜欢房间整整齐齐，可我习惯乱七八糟。要是房间里太干净太整齐了，我会有点不自在的。东西堆得满满的，房间里很多我的宝贝，我才会快乐。[2]

"不要随意打扫我的房间"是绘本《妈妈你好吗？》中的第二个片段。在《五年级》的课堂中呈现过第一个片段"明白了没有"。当孩子们再次读到绘本

---

[1] 后滕龙二，武田美穗. 妈妈你好吗？[M]. 蒲蒲兰，译. 北京：二十一世纪出版社，2008.
[2] 同[1].

的后续时，十分惊喜。小主人公因为妈妈没有经过他的同意收拾了他的房间，扔了他的宝贝而生妈妈的气。当看到绘本中的故事时，好几个孩子都跟家长做了鬼脸，看来这个场景他们似曾相识。

（二）分享感受

提问孩子：如果你碰到这种情况，你会有什么感受？

提问家长：在你家，有这样类似的事情吗？

孩子们纷纷说会很生气，觉得爸爸妈妈没有尊重我。一位爸爸说："从去年开始，女儿买了一个笔记本，这个笔记本是不允许我们看的。我们也不知道她写了些什么。虽然我们没有因为这个笔记本的事情发生过矛盾，但是我的心里挺不是滋味的。"一位妈妈说："有一次我收拾了女儿的房间却惹得女儿很不高兴。"还有一位妈妈说："女儿看电视看到了很晚，我提醒女儿不要看了。她就会很不高兴，嫌我们烦。"看来很多孩子对家长的干涉很反感。而家长们对于孩子这样的表现也很不满，但又很无奈。

过渡：爸爸妈妈，随着孩子慢慢长大，他们开始希望有更多的事情能够自己做主，希望有更多的私人空间。被打扰后，孩子们会很生气。但是爸爸妈妈也觉得很委屈，自己明明是一番好意却被嫌弃。那么大家究竟是怎么想的呢？让我们听一听对方的想法！

> 设计意图：绘本片段"不要随意打扫我的房间"引出家庭生活中"专属空间"的话题，通过分享呈现因界限不清晰而导致的家庭冲突以及孩子的感受，让家长明白孩子正在长大，独立意识逐渐增强，希望有不被打扰的专属空间。

二、原因探究：我的空间谁做主

（一）分组讨论，换位思考

操作方式：采用小组讨论的方式进行。孩子组的话题是"你觉得爸爸妈妈为什么会这样做";家长组的话题是"你认为孩子为什么会反感我们的这些行为"。组长负责主持,并把讨论结果记录在 A3 纸上。讨论完成后,派代表进行全班分享。

通过换位思考,孩子们能够读懂家长们这样做是为了自己好,"为了更好的成绩,为了考一个好的大学,为了一个好工作,为了一个好的未来,为了让我们更优秀。但我们仍然很讨厌这种行为"。

家长组通过讨论,也知道孩子会反感的原因是他们觉得自己长大了,可以独立了,爸爸妈妈管得太多了。但家长们强调想要干涉不仅是为了孩子的未来,还有一个重要的原因是觉得孩子的能力还不够,自己不放心。一位爸爸提到自己的孩子:"有时候房门一关在房间里面一待就好几个小时,我们根本不知道他在里面做什么。"一位妈妈说:"孩子的自我管理能力还是很弱的。他并不会去收拾自己的房间,如果不帮忙打扫的话,房间的卫生状况堪忧。这么大了连袜子都不会洗。"还有一位妈妈提道:"儿子小时候我就一直帮忙给他收拾房间,也没有觉得有什么问题。并没有想到,其实孩子已经长大了,不再是小孩子了。但是他心里不舒服不说出来的话我很难了解他的感受。"家长组表达的诉求是:当爸爸妈妈做的事情让孩子觉得不舒服的时候,希望孩子能和爸爸妈妈沟通。

孩子组针对家长所说的"能力不足不放心"的观点,表示"虽然知道家长是为自己好,但是他们过分关心有时会让我们觉得是干涉"。爸爸妈妈这样做,会感觉是怀疑孩子的能力。这种感觉太糟糕了。没有人一开始就什么都能做好。"当我们做得不够好的时候,希望爸爸妈妈能够给我们机会,帮助我们自己做好,而不是什么事情都替我们做好了,或者不给我们机会了。爸爸妈妈不能替代我们成长。"有一个女孩说:"有时候我就只是希望自己能安静地待在自己的房间,能够自己单独地做一些事情。我们长大了,如果家长再随意地进我的房间,随意地看我的日记,我会感觉是一种'耻辱'。"

(二)续读绘本,再探原因

1.阅读绘本片段"我的宝贝"

来自绘本《妈妈你好吗?》的第三个片段,绘本中的小男孩觉得那些被妈妈当作垃圾扔掉的东西都是他的宝贝，里面充满了他的各种回忆。

绘本内容：回家的路上，你买了根冰棍儿，我们俩你一口我一口轮流吃，那根小棍我也一直好好留着……，这个那个，一下子全没了。说也没用，已经找不回来了。后来我又收集了各种各样的宝贝，没那么伤心了。①

2. 分享感受

提问：爸爸妈妈们，看完绘本，你觉得有什么想要分享吗？

绘本中的小男孩解释了他为什么反感妈妈的行为：妈妈所扔的每一件东西对于他而言都承载着他对孩提时光的回忆，有着很重要的意义。各位家长看到这里都若有所思。一位妈妈说："我一直觉得小孩子的房间里都是些什么乱七八糟的东西啊，一点用也没有。看完这个绘本后发现，原来小孩子对于自己的东西重不重要的判断和我们大人是不一样的。其实孩子已经有他自己的世界了。看来我们不能一味地按照自己的想法来要求孩子。"一位爸爸当即表示："以后如果要打扫孩子的房间先要问一问自己的女儿。"女儿听到之后非常感动，感觉到爸爸能够尊重自己了。而另外一位爸爸则表达了不同的看法："既然小男孩认为那些东西是他的宝贝，是那么重要，那么他就应该把它们都保管好。如果在我家出现这样的情况，我会先问问孩子的意见，是不是还需要。如果要的话请你整理保管好，否则，我就要处理掉了。"

过渡：爸爸妈妈，到了这个年龄段，孩子觉得自己是大人了，有了更强的独立意识，希望有自己的专属空间。当空间被"侵占"的时候，他们会很反感，觉得不被尊重。孩子们，虽然我们觉得自己是大人了，但在管理自己的专属空间时，的确会出现种种问题，让爸爸妈妈很不放心，使得他们仍用对待小孩子的方式对待我们。那么，怎样更好地界定并管理好专属空间呢？接下来，让我们一起来商定吧！

> 设计意图：通过小组讨论换位思考，帮助亲子双方理解对方行为背后的原因，让家长明白需要给孩子空间、机会成长，而不是一味地替代或者禁止；让孩子接纳父母因为不放心而对专属空间的关注。通过阅读绘本片段"我的宝贝"，进一步帮助家长理解专属空间对于孩子成长的意义，尊重孩子的隐私。

---

① 后滕龙二，武田美穗. 妈妈你好吗？[M]. 蒲蒲兰，译. 北京：二十一世纪出版社，2008.

三、亲子共商：专属空间的界定和管理

（一）分组讨论，表达需求

操作方式：采用小组讨论的方式进行。孩子组的话题是"我希望有哪些专属空间，我希望爸爸妈妈能怎样对待我的专属空间"；家长组的话题是"我觉得孩子可以有哪些专属空间，我希望孩子能怎么做"。组长负责主持，并把讨论结果记录在海报纸上。讨论完成后，派代表进行全班分享。

《我的专属空间》素材

孩子希望的专属空间有：自己的房间、日记、抽屉、文具盒等，还有QQ、微信等虚拟空间。另外，孩子希望自己做主的事情有：周末可以和同学玩，放学后可以自己回家，可以玩手机等。"希望爸爸妈妈怎样对待我的专属空间"方面有：进我的房间需要经过我的同意，整理我的房间、抽屉时问一问我的意见，不要私自进入我的QQ空间，不看我的日记本，允许我周末和同学出去玩，我玩手机时不要总是提醒我时间……

家长认为孩子可以有的专属空间是：自己的房间、作业、内务等。"希望孩子能把自己的事情做好，让我能够相信，即使没有我，他也可以管好自己。""在自己房间的时候不要不声不响不让我们知道你在做什么，你可以和我们说一说你在做的事情，不要把房门反锁，要我们相信你的前提是你也要信任我们，能自觉地遵守规定，保证自己的安全……"

亲子双方听了对方需求的表达后发现，其实彼此还是可以达成共识的。分歧可能更多地集中在如何更好地管理专属空间，以及家长如何减少干涉、放权给孩子上。有个妈妈认为，"其实这些分歧也是可以解决的，只要我们双方能够心平气和地坐下来讨论"。

（二）亲子共绘专属空间

座位调整：对应组家长、孩子位置调整，家长坐在孩子的身边。

操作方式：亲子坐在一起，根据各自家庭的实际情况，完成《家庭约定》。具体约定在家里孩子的专属空间到底有哪些，孩子和家长需要努力的行为有哪些。完成后，进行亲子分享，谈一谈在完成过程中是否有争议，是如何协商解决的。（背景音乐：《蒲公英的约定》钢琴版）

在讨论环节，孩子要求有很大的自由度，但是家长有自己的疑虑，提出了一些条件。最后讨论的重点落在了孩子们如何更好地管理自己的专属空间上。

经过商讨，现场的气氛缓和下来，不再剑拔弩张，家长纷纷表示要尝试放手。一个女孩希望周末可以和同学出去玩。讨论后，妈妈希望孩子在完成作业的前提下，能够告知爸爸妈妈去哪里，大概几点回来，并注意安全。这个女孩说："以前我一直都跟妈妈提出这个要求，但是她都没同意。现在经过商量，觉得妈妈说的前提条件也很合理，这样我可以出去玩，妈妈也放心了。真的很开心。"

过渡：爸爸妈妈，孩子希望我们放手给予他们更多的权限，这是成长的诉求。但对我们来说，的确是很大的挑战。这是一项非常困难的平衡，是否可以给孩子权限，给孩子多少权限，非常考验我们的智慧。今天在课堂上，我们和孩子一起坐下来商议，并形成了家庭约定，真的很不容易！接下来，让我们一起来见证一个重要的时刻。

> 设计意图：通过分组讨论，让孩子表达对于专属空间的需求以及希望获得的权限，让家长思考能赋予孩子的专属空间及相应的要求。通过关于家庭约定的讨论，让家长明白适度赋权可以帮助孩子更好地承担责任；让孩子明白管理好自己可以让家长放心，也可以为自己赢得更多的专属空间和权限。

四、家庭约定：你放手我成长

（一）交接约定，赋权孩子

家长将《家庭约定》郑重地交给孩子，然后家长和孩子分别用一句话来梳理今天课堂上学到的内容。

家长把专属空间的《家庭约定》交到孩子手里时，看着孩子的眼神意味深长。有一位妈妈嘴里还在不停地说"以后我不管你了哦"。正如她所言，"其实我也早就知道需要给他一点空间，但说实话还真有点不放心"。有位爸爸用了两个词来概括——必须、艰难。是啊，对孩子放手感到更困难的其实是家长。而孩子则表态："爸爸妈妈，我们已经长大了，很多事情其实我们可以做得很好了，请你们放心。如果你们一直不放心总是要干涉很多，我们可能就不愿意去做了。这样我们也长不大。"也有孩子说，要让爸爸妈妈放心也需要孩子把自己的空间管好，把自己的事情做好。

（二）阅读绘本片段"妈妈我爱你"

来自绘本《妈妈你好吗？》[①]的第四个片段，绘本中的小男孩虽然对妈妈有很多抱怨，但仍然用自己独特的方式表达了对妈妈的爱。

在绘本故事的最后，小主人公像一个小大人一样交代妈妈穿着高跟鞋走路要小心，并画了一打洗碗券送给妈妈作为母亲节礼物。看到这里，课堂上那位一直不放心的妈妈会心地笑了，我想她一定想起了自己孩子的无数个瞬间。

结语：我们看到绘本中的小男孩已经慢慢长大，会担心起妈妈的安全，也会帮妈妈做家务。因为信任，今天，爸爸妈妈给了孩子一些权限。我们也相信，孩子在被赋权后，会承担起自己的责任。爸爸妈妈，随着孩子的成长和能力的增强，我们还要更多地放权。对于专属空间权限的商定，仍需要我们像今天一样，能够坐下来一起协商。学着放手，是家长要学习的功课。或许，孩子的确会出现各种让我们不放心的状况或问题。但是孩子正是在这个过程中一点一点成长起来，我们也要学习一点一点地放手。放手才能让孩子更好地成长。

> 设计意图：通过交接《家庭约定》这样充满仪式感的行为强化家长赋权孩子的过程，让孩子感受被赋权后的责任。通过阅读绘本片段"妈妈我爱你"让家长感受并相信孩子成长的力量，懂得放下担心，学着放手，才能让孩子更好地成长。

[①] 后藤龙二，武田美穗.妈妈你好吗？[M].蒲蒲兰，译.北京：二十一世纪出版社，2008.

初中段 请给我自由空间

设计者：顾华燕
指导者：朱艳娜

学情分析

进入青春期后，孩子的自我意识和性意识崛起，他们对自己独立感的需求日益增加。这种独立感主要体现在同伴交往、个人空间以及自主决策等方面。他们希望自己判断和处理日常遇到的各种问题，然而，家长无视孩子的成长，依旧紧紧抓住不放手，他们害怕孩子无法独立解决问题，担心他们受到伤害。孩子面对家长的紧张和干涉往往很反感，应对方式有时会比较激烈。孩子的独立需求需要被看到，他们需要成长空间，渴望得到家长合理的支持和帮助。

本课聚焦"自由空间"，通过对电视剧《小别离》片段的剖析和讨论，帮助家长明白孩子在成长中遇到交往问题是正常的，学习处理人际关系是他们必修的课程；帮助孩子接纳家长因担忧而对自己人际交往的高度关注，在学习独立处理人际关系的同时，能听取父母的意见。

活动对象

八年级学生及家长。

活动目标

目标	家长层面	学生层面
知识层面	了解孩子已经进入青春期，遇到各种交往问题是很正常的，让孩子自己学习解决问题、处理人际关系对孩子的成长具有很重要的意义。	了解到当我们在处理人际关系时，父母可能有和我们不一样的想法，而且因为丰富的经验，他们的想法可能更高明。
能力层面	能够和孩子讨论问题，放手让孩子自己处理人际关系，在他们有需要的时候协助他们。	能够在碰到交往困扰时，听取父母的想法，学习独立处理人际关系。
态度层面	相信孩子，允许孩子用自己的方式独立处理人际关系。	接纳父母因担忧而对我们人际交往的高度关注。

> 活动时间

八年级第二学期。

> 活动准备

（1）座位安排：孩子和家长各3组，每组6—8人，孩子组和家长组一一对应。

（2）视听媒体：从电视剧《小别离》中剪辑3段小视频，分别为《演唱会》《我的学长李想》《你的空间我做主》；钢琴曲《欢乐颂》。

（3）照片收集：教师收集每个孩子1—2张"与父母的合照"和1—2张"与同伴的合照"，将照片制作成PPT《青春相册》。

（4）材料准备：每组1张海报纸、1盒彩色笔、8—10张彩色A4纸、8—10张白色A4纸、2支记号笔。

> 活动过程

一、青春相册：陪在身边的人

（一）我们长大了

播放《青春相册》，先呈现孩子与父母的合照，再呈现孩子与同伴的合照，最后呈现亲子照和同伴照的对比图，左边亲子照，右边同伴照。

当家长们看到与孩子的合照时，脸上不禁流露出笑容，时不时还与身边的家长交流，介绍自家孩子；孩子们看到亲子合照时，有些扭捏和不好意思，当看到与同伴的照片时，窃窃私语，与身边的同学聊了起来。亲子合照大多数都是在孩子小时候，有的是刚出生不久，有的是上幼儿园，有的是小学低段，很少有目前与父母的合照；与同伴的合照大多数是从小学六年级到目前的，有的是在校园里，有的是参加学校组织的社会实践活动，有的是周末与同学一起玩耍或者聚餐。

（二）分享感受

提问家长：随着孩子慢慢长大，陪在孩子身边的人有没有什么变化？

看完照片后，有的家长说孩子长大了，有的家长说孩子现在都和朋友在一起，不太愿意跟家长一起出门，有的家长说学校里一般都是朋友陪伴的多一些，还有的家长提到虽然也陪在孩子身边，但是孩子很少跟家长沟通。当教师追问孩子现在交流比较多的人是谁时，家长普遍意识到现在孩子更在意朋友的看法和意见，同伴在孩子心目中的位置越来越重要。

过渡：是的，孩子长大了，他们的生命中不仅仅有父母的陪伴，还开始出现了其他重要他人，那就是朋友。不知大家是否看过之前热播的电视剧《小别离》，讲述的是三个家庭孩子的成长故事。接下来，我们就来看看主人公朵朵和她两个好朋友的故事。

> **设计意图**：通过亲子照和同伴照的对比呈现，引发家长思考，帮助家长意识到孩子们已经慢慢长大，开始有自己的朋友圈，同伴开始在他们生活中发挥更重要的影响力。

二、话题聚焦：交往引发的亲子冲突

（一）我的朋友圈

1. 分享视频《演唱会》

视频内容：来自电视剧《小别离》。本视频片段的内容主要是主人公朵朵和她的好友小宇、琴琴去看演唱会。为了安慰心情郁闷的琴琴，他们决定去看某个明星的演唱会。三人欺骗父母在校补课，其实是一起去看演唱会。

提问家长：从视频中，我们看到孩子的生活发生了什么变化呢？

2. 分享视频《我的学长李想》

视频内容：主人公朵朵在演唱会上认识了同一学校高中部的学长李想。由于两人兴趣相投，李想空闲时又会指导朵朵英语学习，两人接触越来越频繁，导致朵朵父母认为他们在谈恋爱，很是忧虑。

提问孩子：你们觉得朵朵的父母接下来会怎么做呢？为什么？

看视频时，家长们时不时小声交流"怎么可以骗人""看看这些孩子"……。看完后，有位爸爸说孩子现在开始有自己的喜好和朋友圈了。还有位爸爸谈到孩子的手机现在不给家长看，看来，他们有自己的秘密了。有位妈妈笑着说，孩子现在对异性的颜值有自己的判断，帅与不帅，有自己的观点了。虽然是看剧，但是家长们说的都是自己孩子在生活中发生的真实变化。家长们感受到孩子们长大了，开始有了自己的社交圈。

随着故事的发展，对朵朵与李想之间发生的故事，孩子们七嘴八舌，很有话说。有个女生设想家长会翻看朵朵手机的短信记录。有个男生说朵朵的举动会引来同学们的怀疑，她的父母会跟朵朵谈，然后告诉她不能早恋，要以学习为重。有个女生说家长可能不会直接找朵朵谈，但会侧面向老师了解她最近的情况。还有个女生说父母会跟朵朵说要保护好自己，不要跟异性走得太近。家长们则认为这些做法都是为了孩子好。

（二）父母出大招

1. 分享视频《你的空间我做主》

视频内容：朵朵妈妈得知朵朵和李想的事情之后，非常生气并且十分焦虑，断定朵朵和李想正在谈恋爱，马上飞奔回家寻找"证据"，要对朵朵严加管控，匆忙中还差点出了车祸。朵朵的父母为了更好地了解她的交友情况，趁着朵朵睡着的时候，半夜潜入房间，拿她的手机查看，试图用朵朵的指纹解锁，不小心把朵朵弄醒了。

2. 全班讨论

如果你是朵朵，你有什么感受？

亲子一边观看视频一边发出笑声。孩子们很快就站在了朵朵的立场，纷纷发声。有个女生说朵朵肯定很生气，爸爸妈妈这样做是不对的，应该事先经过同意，才能翻看自己的东西。有个男生当即表示"虽然我们是父母生养的，但是我们也有个人隐私"，想要找父母理论。还有个女生说不想让父母看自己跟朋友的聊天记录。

当教师提问家长时,他们开始都站在父母的角度,表示虽然朵朵父母这样做好像有些不大妥当,但也是为了孩子,是很想知道孩子发生了什么。当教师再次强调"如果你是朵朵,你有什么感受"时,家长们沉默了一会儿后,开始试着站到朵朵的立场。有位爸爸说:"肯定是有隐私的,要是我,当然也会生气。"有位妈妈表示:"希望父母可以跟我当面沟通,不要用这样的方式。"当家长真正代入孩子的角色时,他们也一样不希望被父母过多干涉自己的隐私,也能够感受到作为孩子渴望自由的需求。

过渡:孩子们长大了,有了自己的朋友圈,也会与异性交往,比如会与同伴一起去看演唱会,或者一起参加其他活动。当然,孩子们也会遇到同伴压力,甚至有时候会对爸爸妈妈善意隐瞒。孩子们对类似朵朵父母的做法感到反感、不舒服,而爸爸妈妈在孩子交往中遇到各种各样的问题时,的确也很担心,也会忍不住横加干涉。接下来,让我们从朵朵的故事出发,深入探讨,亲子双方怎么做才能让彼此有更好的感受呢?

> 设计意图:通过对三个小视频的剖析和讨论,家长意识到孩子有了自己的社交群和生活方式,虽然他们在交往中会遇到各种各样的问题,但他们渴望用自己的方式去处理人际关系;同时,也让孩子感受到父母对自己人际交往的高度关注,理解父母的焦虑和担心。

三、探讨分享:共创自由空间

(一)小组讨论,海报分享

操作方式:采用小组讨论的方式进行。家长组讨论的话题是"如果你是朵朵的父母,你希望孩子怎么做",孩子组讨论的话题是"如果你是朵朵,你希望父母怎么做"。讨论结果记录在海报纸的左侧。讨论完成后,小组派代表进行全班分享。

孩子组和家长组都很快进入讨论状态，从朵朵的故事到自身的亲子生活，大家讨论得兴致勃勃。

《请给我自由空间》素材

一组男生代表站到台上还显得有些紧张，他一项项表达了小组的诉求。他们希望家长"尽量多遵循我们的意见，和我们多交流，多谈心；在某些事情上尽量不要干涉我们，我们希望自己做决定；希望彼此可以像朋友一样，多用商量的语气跟我们沟通，给予我们一些积极正面的鼓励"。说完后，他显然轻松了很多，想来平常在向父母表达的时候也不能如此畅快。另一组女生代表将海报上罗列的做法做了一些归纳，除了肯定上一组的部分意见后，还做了补充，比如"多给我们一些个人空间，东西不要乱翻；在交友方面，我们想要更多的自由，不要以成绩好坏或者男女性别来衡量是否值得交友"。

家长们认真听完孩子们的诉求后，也表达了自己的真实想法。一组的爸爸代表表示："孩子们完全可以有话就说，我们可以像朋友一样；我们也曾年轻，有过你们类似的经历，其实很理解你们的感受，我们可以将经验和感受跟你们分享，希望跟你们共同面对。"另一组家长代表说出了他们内心深处的担忧，他们担心孩子走弯路，担心将来走上社会不能很好地处理事情，希望孩子能够理解这种急切的心情。亲子间的互动关系是需要双方共同努力的，希望孩子把自己当朋友，可以积极主动跟家长聊聊快乐和烦恼，聊聊交朋友时的趣事，家长一定会好好聆听。家长们的担心和焦虑都写在了脸上，孩子们听完之后也陷入了沉思。

（二）海报互换，换位分享

操作方式：请家长组和孩子组互换海报，根据对方的回答做进一步讨论，孩子组讨论的话题是"面对家长的希望，我们能够做什么"，家长组讨论的话题是"面对孩子的希望，我们能够做什么"。各小组将讨论结果写在海报的右侧，并派代表进行全班分享。

互换海报之后，大家很好奇，彼此仔细地看了又看。有的家长说这个简单，有的家长说"做不到啊"，有的孩子说"我们说了有用吗"，有的孩子说"真要这样就好了"。亲子双方开始回归自身进行讨论。

一组家长代表说:"尊重孩子是应该的,我们也在努力去做;不管大事小事,多沟通就好,所谓的适当空间,也需要跟孩子进行讨论;作为父母有时候会比较着急,希望孩子可以感受到我们的良苦用心。"另一组家长代表说"我们可以真诚沟通;我们可以做到不乱翻东西",也当即承认自己有一次搞卫生时不小心看了孩子的东西,当场跟孩子道歉,但同时也表达这个"偷看"让自己更加了解孩子,其实很渴望知道孩子的内心世界。"我们可以保证你们有足够的个人空间,但是也希望保持我们应有的监管权;我们有丰富的社会经验,希望在有些方面可以给予你们引导,我们会努力以朋友的身份和你们多沟通,但同时也希望你们能把我们当朋友。"

一组孩子代表说:"我们理解父母的担心,也感受到了你们的焦虑。我们会尽量多说说近期发生的事情,遇到难题时,试着跟你们沟通,听听你们的想法。"另一组孩子代表说:"有时觉得父母没法理解我们,会有些着急,下次我们也会注意自己的语气和用词,坐下来好好听你们说话,试着跟你们商量。"他们还说自己很难控制玩手机的时间,当使用过量时,也会接受父母及时、善意的提醒。还有一组孩子代表说:"我们也会把自己的朋友带到家里,或多跟父母说说自己的朋友们,让你们放心我们的交友情况;我们也会把握交友的分寸,当遇到很难处理的矛盾或问题时,会向父母求助。"

过渡:爸爸妈妈,在孩子面临各种各样的人际问题和难题时,我们不妨给孩子更多的空间和支持,逐渐放开我们的手;孩子们,我们可以感受到父母的担心和不安,在遇到困难时,也可以听听父母的想法,寻求父母的支持。

现在,请回归自己的家庭,爸爸妈妈跟孩子之间,又可以做些什么具体的约定呢?可以是一句话,也可以是一个具体的行动。请孩子坐到家长的身边,一起来制定属于自己家庭的手印约定书(简称"手约书")。

设计意图:通过对自由空间的讨论,引发亲子思考,让双方看到彼此的希望和期待。帮助家长意识到孩子将会成为独立的个体,相信他们能够用自己的方式处理人际关系,从而进一步思考自己如何协助孩子处理问题。同时,也让孩子看到父母丰富的经验,在遇到交往困扰时可以寻求父母的支持。

四、梳理感悟：让我们一起努力

座位调整：对应组家长、孩子位置调整，家长坐在孩子的身边。

（一）我们的约定

操作方式：请亲子双方在白纸上绘制家庭"手约书"，用彩色笔自行设计，画下彼此的手印，并写下约定。（背景音乐：《欢乐颂》）

亲子坐到一起后，有的立刻相互拥抱，有的马上开始交谈，有的家长抚摸孩子的头和肩膀，场面十分温馨。家长和孩子纷纷在白纸上画下双方的手印，有的手印相互牵着，有的手印彼此叠加，有的手印并排放置。家长和孩子用不同的彩色笔签上自己的名字。亲子双方小声讨论，有的写下了"周末聊天1小时，每个月外出1次，争取无障碍沟通"，有的写着"不随意乱翻彼此的东西，尊重孩子的交往隐私，孩子有问题要及时跟家长反应"，有的写下"每周使用手机3—5小时，使用时间由孩子分配，家长可以进行提醒和监督"，还有的写下"我们要像朋友一样，多给彼此提建议，参与家庭的每个重要决定"，"孩子可以跟朋友出去游玩，但是要跟家长保持联系，确保安全，并且游玩时间安排在白天；有问题多沟通"，"尊重每个家庭成员的隐私，每周至少谈心一次，希望孩子多跟父母说说学校的事情，不能干涉孩子交朋友"。

（二）展示约定，分享感悟

制作好"手约书"，教师邀请几组亲子分享感受。有位爸爸说发现孩子的手印跟自己一样大了，孩子真的长大了，自己忽然觉得有些落寞但还是很开心，希望以后可以真正像朋友一样沟通和交流。有位妈妈说通过"手约书"，发现儿子现在有许多独立的想法，平常真的没有时间坐下来说说话，希望可以陪儿子一起走向更好的未来。有个女生说，没有想到妈妈可以这样支持自己，还怕自己提的想法和意见父母没法接受，看来以后真的可以跟妈妈多提提自己的想法。有个男生说，没有想过可以跟父母一起画"手约书"，想把这个约定放在家里，大家有意见或者矛盾的时候，一起看看，希望父母可以真正坐下来跟自己沟通。

说到这里，妈妈给了他一个大大的拥抱，甚至眼中含着泪花，跟孩子说"你长大了，妈妈会尽力做到"。小小的"手约书"，拉近了彼此的心，为亲子双方不断寻找更为合适的空间。

结语：通过今天的视频分享和讨论，我看到了爸爸妈妈对自己孩子深深的爱和关心，也看到了孩子们想要独立的渴望。爸爸妈妈，孩子们已经慢慢长大，对他们的爱不是限制和干涉，也不是紧紧抓住不放手，而是相信他们，给他们多一些的空间，让他们更自主、更快乐地成长。孩子们，今天你们也感受到了爸爸妈妈的担心和关心，你们也要学着对自己的交往和生活负起责任，在遇到问题的时候，多跟爸爸妈妈沟通，让自己享受成长的美好。

> 设计意图：通过"手约书"的定制和分享，让家长和孩子将彼此的想法具体化，真正从自身家庭出发，看到双方的需求，制定适合自己家庭的亲子契约，最终逐渐实现家庭的行动承诺。

后　　记
我们的努力与期待

亲子沟通班会课最初的尝试始于2005年12月28日，余杭区承办了杭州市教育局第八届家庭教育指导工作交流研讨会。200多名家庭教育指导工作者齐聚杭州市余杭区临平第一小学，研究商讨如何做好家庭教育指导工作。在研讨会上，我们策划了一堂亲子共同参与的班会课《心与心的沟通》（302班班主任罗春雷老师执教）。通过这节课，我们感受到，在家庭教育指导工作中，亲子关系是很重要的一个切入点。2006年，我们开始尝试在高中、初中、小学开设亲子沟通班会课，2007年起，这项工作成为常规工作，每年余杭区和所辖片区开展14次研讨活动。

在上亲子沟通班会课的过程中，很多班主任都有了很大的收获。但要上好亲子沟通班会课，也面临着很大的挑战。2011年，我们启动课题研究，对历年开设的各类亲子沟通课程进行梳理。2014年，我们又成立了以心理教师为主体的专业指导团队：郎萍、何咏梅（小学低段），冯丹、高丽敏（小学中段），周昀、周颖芳（小学高段），毕蓓蓓、朱艳娜（初中段），分4个学段自上而下重新设计系列课程。到了2016年6月，我们基本完成了24例亲子沟通班会课的设计，并在课堂实施。

我们原以为2016年就能出版课例供班主任使用。但是在设计与实施的过程中，我们感受到目标需要更聚焦、更有针对性，才能让班主任在课堂上更好地实现。2016年暑期，通过课堂反思，我对6个系列24节课进行重新定位，并修改亲子双向知识、能力、态度三维目标。基于目标的调整，我和各组指导者一起，重新修改24例亲子沟通班会课的设计。2016—2017学年，我们将课例一一回归课堂，对其进行认真打磨，细敲亲子沟通班会课活动环节的设计和素材的选取。2017年暑假，我和小学低段、小学高段的指导者对课例进行了统稿定稿；2018年暑假，我和小学中段、初中段的指导者对课例进行了统稿定稿。2019年1月，我主持的课题"亲子沟通系列课的开发与区域推进研究"被立为浙江省教育科学规划年度重点课题（2019SB018）。2019年，多方征求意见确定按系列编排全书后，我再次梳理24个课例，并准备6个系列课程的解读文字与视频，以帮助班主任更好地把握课程。

为什么要花这么多年的时间来做这件事情？在2018年全国家庭教育状况调查报告中，四年级和八年级学生认为人生最重要的事情，排首位的是"有温暖的家"。这是来自孩子的诉求，也正是我们多年推行亲子沟通班会课的价值追求所在。在孩子生命成长的历程中，父母和老师都具有重要的影响。我们希望亲子沟通班会课能够帮助父母读懂孩子。有时候，父母和孩子之间，忘了搭一座桥。

每次我想更懂你/我们却更有距离/是不是都用错言语/也用错了表情/其实我想更懂你/不是为了抓紧你/我只是怕你会忘记/有人永远爱着你。

这是歌曲《我想更懂你》的歌词，充分地表达了父母的心声。我也是一名母亲，从2005年12月开始初步尝试亲子沟通班会课到今天，我的女儿从周岁的小伢儿成长为青春期女孩。作为家长，会遇到挑战、碰到困扰，孩子也一样。不妨听听这首歌孩子表达的部分，也许，我们会拥有不同的视角。写下这些文字的时刻，正值疫情居家期间，很多家庭的亲子关系面临前所未有的挑战！作为父母，需要学习，需要和孩子一起成长。

那么，谁来搭这座桥？我们认为最合适的是班主任。父母和教师都是孩子生命成长支持系统中的重要他人。班主任对于孩子和家长的影响是毋庸置疑的。而要帮助父母读懂孩子，班主任也必须读懂孩子。我们希望这本书能真正地帮到班主任，帮助班主任读懂孩子，帮助班主任为亲子搭起沟通的桥梁。

在和很多班主任交流的过程中，我们感受到班主任工作的辛苦、忘我的付出以及承受的压力。班主任工作是个专业活儿。这本书倾注了我们十多年的努力，就是想为班主任提供更成熟的能够直接使用的设计。我们虽然已倾尽所能，但仍需要班主任基于本班学生的实际，创造性地使用本书。我们期待，亲子沟通班会课不仅仅是上一节课，还包括前期的准备，跟家长的沟通以及课后的跟进等，这些都有助于促进班主任的专业成长。我和我的团队，愿意成为班主任专业成长的支持者，愿与大家一起努力，帮助父母读懂孩子，为"有温暖的家"而共同努力!

最后,想表达一下感谢!一路走来,很不容易,谢谢团队的每一位伙伴,多年一起努力的帧帧画面一直铭刻在心。抱歉因为要求过高,给各位带来的挑战和压力。也欣喜地看到团队每一位成员的成长,包括我自己!感谢余杭这块土地,在这儿工作、成长,遇到一群志同道合的人是人生的一大幸事。还要感谢浙江省教育科学研究院、杭州市教育科学研究所以及余杭区教育局教研室的领导和同仁们,亲子沟通班会课多年的实践探索与区域推进,离不开大家的支持与鼓励!

我们的努力与期待

感谢教育科学出版社的池春燕和闫景两位编辑。2019年年底,为确定全书按系列还是按年段编排,池老师进行了多方的调查。仅这一细节,足可见教育科学出版社编辑严谨、务实的工作态度。而一本书的最终落地,离不开两位编辑的辛勤付出。本书即将付梓之时,池老师特地邀请在班主任工作研究方面有极大造诣的南京师范大学班主任研究中心的齐学红主任为本书作序。非常感谢齐学红教授!齐教授与我们素昧平生,却花费时日,认真通读全书,齐教授认为本书"是对当下班会课内容、形式以及课程设计理念的突破与创新",这给了我们极大的鼓励,"基于儿童立场"亦是我们团队始终秉持的方向。

在我的成长过程中,要特别感谢我的专业领路人韩似萍老师,感激之情难以言诉,深藏在心!也正因为是韩老师团队的一员,我有幸多次得到中国科学院心理研究所刘正奎教授的指正。非常感谢刘教授在百忙之中写推荐序,他在书稿中"看到心理学在亲子关系指导方面的自如运用",这让我们有了更多的专业自信。我们会继续努力为亲子搭建起沟通的"心"桥梁,让心理学发挥更大的价值和意义!

很高兴,我也正在引领并影响一批人,包括余杭心理团队的青年教师!感谢你们,特别是在技术上给予我的支持!团队里的每一个人,都有其独特的优势,哪怕是入职不久的90后教师,你们丰富的创意、积极进取的态度,都让我受益良多。微信号"余杭心灵之约"就是我们青年专业教师"小蜜蜂"团队的杰作。未来,期待在推行亲子沟通班会课以及专业服务班主任成长等方面,和你们一起努力!也欢迎有更多的人加入我们。

蔡迎春

2020年3月